Word Search

Volume 2

by David Ouellet

Dalmatian Press

1 JURY DUTY

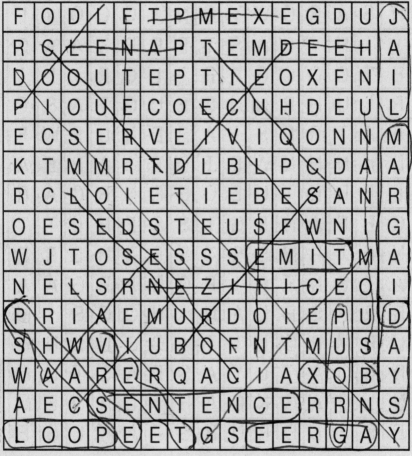

F	O	D	L	E	T	P	M	E	X	E	G	D	U	J
R	C	L	E	N	A	P	T	E	M	D	E	E	H	A
D	O	O	U	T	E	P	T	I	E	O	X	F	N	I
P	I	O	U	E	C	O	E	C	U	H	D	E	U	L
E	C	S	E	R	V	E	I	V	I	Q	O	N	N	M
K	T	M	M	R	T	D	L	B	L	P	C	D	A	A
R	C	L	O	I	E	T	I	E	B	E	S	A	N	R
O	E	S	E	D	S	T	E	U	S	F	W	N	I	G
W	J	T	O	S	E	S	S	S	E	M	I	T	M	A
N	E	L	S	R	N	E	Z	I	T	I	C	E	O	I
P	R	I	A	E	M	U	R	D	O	I	E	P	U	D
S	H	W	V	I	U	B	O	F	N	T	M	U	S	A
W	A	A	R	E	R	Q	A	G	I	A	X	Q	B	Y
A	E	C	S	E	N	T	E	N	C	E	R	R	N	S
L	O	O	P	E	E	T	G	S	E	E	R	G	A	Y

Acquit, Agree, Aware, Box, Briefs, Citizen, Counsel, Count, Court, Crime, Days, Decide, Defendant, Diagram, Dismiss, Enter, Exempt, Exhibit, Fate, Freedom, Grand, Group, Heed, Jail, Judge, Laws, Leave, Meeting, Notes, Panel, Phase, Poll, Pool, Random, Reject, Selected, Sentence, Sequester, Serve, Subpoena, Testimony, Time, Trial, Twelve, Unanimous, Vent, View, Vote, Work.

H	S	A	R	C	W	Y	G	N	I	G	G	O	J	L
Y	I	H	Y	E	A	S	T	E	B	D	K	A	A	C
B	T	C	O	C	G	R	R	T	L	C	R	I	L	I
R	L	U	H	R	N	N	S	E	U	G	T	A	S	F
E	A	T	R	E	S	I	A	R	D	N	U	F	W	F
D	K	N	N	W	E	T	D	E	I	A	B	E	A	
E	E	R	K	T	U	E	O	D	R	N	R	C	A	R
C	E	E	A	H	E	G	I	S	S	E	H	L	T	T
N	R	T	P	M	S	S	T	S	E	A	H	E	R	E
A	T	E	N	S	E	I	P	O	R	L	R	G	A	A
R	E	P	S	R	L	A	N	I	H	O	C	S	I	M
U	R	M	P	O	L	I	T	I	C	S	U	S	N	H
D	B	O	A	T	L	Y	A	S	F	A	S	T	U	O
N	L	C	A	G	K	C	A	R	T	L	A	D	E	M
E	S	E	L	D	R	U	H	S	T	A	K	E	S	E

©2011 Universal Uclick

Award, Bets, Boat, Bugle, Cars, Charity, Close, Compete, Crash, Cycle, Danger, Derby, Dogs, Endurance, Fans, Fast, Finish, Flag, Fundraiser, Game, Higher, Home, Horse, Hurdles, Jogging, Laps, Legs, Mark, Medal, Meet, Muscles, Pole, Presidential, Rank, Rider, Road, Route, Score, Shotgun, Speed, Stakes, Sweat, Team, Tense, Track, Traffic, Trails, Train, Truck, Turn, Twist, Yacht.

W	R	I	T	E	H	S	T	S	R	M	E	R	I	T
I	E	E	C	H	E	O	H	R	G	I	E	M	G	E
F	R	I	T	I	Y	O	L	N	E	L	D	N	A	R
R	N	O	V	A	P	R	I	I	A	A	I	I	L	G
I	S	O	N	P	E	W	D	X	D	T	D	E	N	R
E	M	K	I	I	E	H	A	N	I	A	I	I	E	G
N	A	N	O	S	N	T	T	S	U	S	Y	S	N	P
D	G	C	L	O	I	G	I	W	U	A	T	G	E	G
S	H	O	W	O	B	V	A	R	L	F	L	N	N	S
U	G	O	N	G	A	L	E	P	U	E	A	I	E	T
B	I	K	E	N	K	F	L	L	T	M	V	P	A	S
H	S	I	F	I	I	A	I	T	E	I	A	E	L	E
T	I	N	N	T	N	C	E	N	R	T	R	E	O	K
J	O	G	S	U	G	R	I	D	G	G	Y	L	N	I
R	A	D	I	O	S	C	E	Z	O	O	N	S	E	H

Alone, Baking, Bike, Books, Cinema, Cooking, Driving, Fish, Friends, Game, Great, Hikes, Holiday, Ironing, Jogs, Laundry, Leisure, Letters, Loafing, Merit, Movies, Nice, Outing, Plan, Playing, Radio, Reading, Relaxation, Restful, Riding, Sewing, Shopping, Show, Sigh, Sleeping, Snooze, Tapes, Theater, Vary, View, Visiting, Walking, Write.

S	S	S	S	R	I	T	S	G	E	G	L	I	D	E
L	N	P	A	A	I	N	N	G	N	A	S	I	R	R
A	I	O	O	E	O	D	N	E	N	I	D	W	E	J
D	S	T	I	O	R	A	I	O	R	P	T	L	I	U
E	E	S	L	T	R	A	I	N	V	E	I	A	H	M
P	C	L	B	O	A	T	I	N	G	A	F	I	K	P
L	A	A	E	V	I	D	J	L	R	G	T	F	A	S
B	L	P	N	D	F	O	O	T	R	C	N	I	I	I
R	P	G	A	O	G	G	C	M	H	O	O	I	V	D
S	E	R	N	N	E	N	N	H	M	O	A	A	O	E
T	T	H	I	I	S	I	I	I	O	O	T	D	S	G
A	H	K	T	E	Y	K	N	V	L	I	C	E	S	T
O	I	G	R	A	I	L	N	G	I	C	C	L	O
B	N	A	I	N	E	A	F	A	S	R	Y	E	A	S
E	F	S	G	N	I	W	O	R	T	H	D	C	S	S

©2011 Universal Uclick

Accommodations, Areas, Balloons, Biking, Boating, Boats, Canoeing, Choices, Coast, Cycling, Different, Dine, Dips, Dive, Driving, Fares, Flying, Foot, Glide, Going, Hitchhiking, Hotels, Innovative, Jog, Jump, List, Night, Pals, Pedals, Places, Railroads, Range, Riding, Rowing, Side, Skating, Spots, Swim, Tanks, Toss, Traditional, Trailer, Troops, Walking, Weather, Worth.

S	T	O	O	R	W	R	S	E	V	A	E	L	A	N
I	E	A	M	E	T	A	R	A	P	E	S	E	G	Y
N	K	A	O	L	L	L	T	G	E	N	M	I	R	T
S	N	T	S	O	I	P	R	E	A	I	A	E	I	T
E	S	O	S	O	H	O	M	E	R	P	S	M	C	B
C	R	S	I	E	N	P	S	M	M	R	H	S	U	L
T	E	H	S	G	R	O	W	A	U	E	I	S	L	H
S	F	E	L	R	E	O	C	N	C	Z	H	A	T	B
H	I	L	L	S	O	R	F	U	E	C	N	I	U	B
O	N	T	A	A	T	L	R	A	O	D	L	R	R	S
V	O	E	T	R	K	P	O	L	S	L	H	A	E	E
E	C	R	U	E	S	E	D	C	I	S	N	I	Y	V
L	E	N	M	U	T	U	A	K	N	C	E	N	A	O
M	K	G	N	I	R	P	S	S	H	A	D	E	R	L
S	L	L	A	F	E	R	T	I	L	I	Z	E	D	G

Agriculture, Autumn, Branch, Bush, Campaign, Cold, Colors, Conifers, Elms, Fall, Fertilize, Forest, Gloves, Grow, Hills, Hire, Home, Human, Insects, Lake, Landscape, Leaves, Losses, Lush, Manual, Moss, Nursery, Oaks, Pear, Pine, Poplar, Rain, Region, Roots, Season, Seed, Separate, Shade, Shelter, Shovel, Shrub, Size, Skill, Soil, Spring, Spruce, Tall, Tree, Trim, Trunk, Water, Yard.

A	E	R	A	F	F	I	N	I	S	H	O	W	E	T
E	C	O	S	T	L	G	S	T	U	R	M	R	N	S
R	R	E	R	E	I	O	O	S	D	O	U	A	P	S
U	I	I	M	S	P	C	O	E	O	T	L	R	L	S
S	M	N	E	E	K	A	R	R	X	A	E	I	M	L
A	A	D	S	T	N	I	H	E	E	A	A	O	D	D
E	T	D	E	T	H	T	T	S	D	N	O	E	O	R
M	I	T	O	C	A	R	R	C	I	R	L	E	O	I
S	D	N	O	B	O	L	E	A	H	G	O	L	W	L
T	Y	N	O	C	E	R	L	S	N	E	O	B	A	L
R	S	X	O	W	A	E	A	A	H	C	N	R	T	W
E	E	H	O	M	C	R	T	T	T	O	E	A	H	E
S	F	R	I	R	A	C	R	O	E	I	L	M	G	Z
N	T	C	O	N	E	I	O	E	R	O	O	D	I	I
I	A	P	C	R	Y	L	D	E	T	A	E	N	L	S

Adobe, Area, Bathroom, Bond, Border, Boxes, Cement, Ceramic, Color, Cost, Decorate, Design, Diamond, Door, Drill, Entrance, Finish, Floor, Inserts, Installation, Kitchen, Light, Mall, Marble, Measure, Nails, Neat, Order, Porcelain, Rectangle, Rest, Rooms, Sealant, Shapes, Shiny, Show, Size, Spread, Stock, Terracotta, Texture, Threshold, Tidy, Tool, Trim, Trowel, Wall, Wood.

T	S	S	E	M	P	A	S	S	T	O	O	L	B	P
E	R	E	D	D	A	L	R	K	S	E	D	E	A	E
S	E	P	A	T	I	B	M	A	R	B	L	E	S	N
O	T	P	S	C	N	U	A	E	D	L	S	K	K	S
L	S	Y	N	H	T	M	T	C	O	I	N	S	E	N
C	O	E	S	D	I	S	C	S	U	U	O	I	T	O
T	P	U	D	R	N	K	N	A	B	S	Y	L	B	I
A	R	K	R	A	G	R	K	S	E	M	A	G	A	S
B	D	O	A	W	S	C	I	A	W	M	R	S	L	S
L	R	O	C	E	A	T	T	A	P	O	C	H	L	E
E	E	B	O	R	D	R	A	W	H	P	L	E	T	S
C	S	H	B	S	S	C	I	M	O	C	T	L	L	S
H	S	I	F	D	L	O	G	G	P	T	T	V	I	O
K	N	U	J	U	R	M	S	H	E	E	T	E	U	P
S	E	S	D	A	E	B	C	R	A	F	T	S	Q	S

Abacus, Albums, Bank, Basketball, Beads, Bell, Bins, Book, Brush, Bunks, Cards, Chair, Closet, Coins, Comb, Comics, Crafts, Crayons, Desk, Discs, Drawers, Dress, Games, Goldfish, Junk, Ladder, Lamp, Letter, Marbles, Mess, Paintings, Pencils, Pens, Pillows, Pogs, Possessions, Posters, Quilt, Rack, Radio, Seat, Sheet, Shelves, Shoes, Stamp, Stereo, Stool, Table, Tapes, Toys, Wardrobe.

R	K	N	U	D	Y	E	G	O	B	I	R	D	I	E
E	Y	T	L	A	N	E	P	R	H	S	D	R	A	Y
I	S	E	T	O	O	H	S	E	O	I	P	G	T	S
L	I	E	L	U	S	C	I	L	T	J	L	R	E	G
F	L	A	G	T	O	R	S	T	E	E	A	L	A	E
E	L	D	R	R	T	H	E	I	S	C	U	M	E	L
E	R	O	E	S	A	D	G	T	N	R	E	L	R	G
S	K	R	G	N	R	H	W	E	R	I	L	D	E	N
E	R	M	K	I	T	E	C	M	L	A	N	D	N	I
S	U	I	V	E	D	S	T	O	H	U	T	E	T	S
H	E	E	E	G	S	Y	D	S	O	M	Y	S	R	W
A	T	N	E	A	D	R	R	R	A	B	A	A	A	I
F	A	I	R	D	A	A	U	U	B	M	P	T	P	N
T	M	G	A	C	M	T	R	O	L	L	E	Y	C	G
P	A	C	I	D	N	A	H	F	C	R	I	A	P	H

Alone, Amateur, Birdie, Bogey, Caddy, Card, Cart, Charges, Course, Dormie, Drive, Dunk, Eagle, Eighteen, Fair, Fees, Field, Flag, Flier, Foursome, Game, Golf, Grass, Handicap, Hill, Hits, Hobby, Land, Major, Marshall, Masters, Match, Nine, Pair, Pars, Partner, Penalty, Round, Rules, Score, Shaft, Shank, Shoot, Single, Starter, Stroke, Swing, Title, Trolley, Wedge, Yards.

W	C	E	S	D	N	A	H	P	S	A	F	E	Y	S
W	A	S	N	I	A	H	C	K	L	S	H	A	R	P
I	R	S	P	G	O	P	I	B	S	U	H	S	E	I
N	P	S	R	M	I	L	L	W	R	I	G	H	T	R
C	E	R	E	E	L	N	I	A	N	A	A	O	T	G
H	N	A	E	E	W	T	E	G	N	M	C	P	A	Y
A	T	T	D	C	C	O	E	L	M	E	R	K	B	R
C	E	C	P	H	I	O	P	E	E	E	R	L	E	O
K	R	H	D	L	S	S	R	R	D	C	A	W	R	T
S	I	E	A	E	I	T	E	D	E	D	T	E	J	C
A	H	T	L	V	T	E	A	K	E	S	G	R	O	A
W	H	O	S	E	L	L	R	M	A	G	S	C	I	F
E	H	T	V	L	O	L	E	S	I	H	C	O	N	C
T	U	O	R	E	B	A	S	B	R	U	S	H	E	S
N	A	I	L	S	L	M	E	T	A	L	L	I	R	D

©2011 Universal Uclick

Battery, Belted, Bigger, Blade, Bolt, Bracket, Brushes, Carpenter, Chainsaw, Chisel, Cord, Crew, Drill, Electric, Engine, Factory, Grips, Hacksaw, Hammer, Hands, Hinge, Holes, Home, Joiner, Kits, Ladder, Lathe, Level, Mallets, Metal, Nails, Nuts, Planer, Pliers, Plug, Power saw, Precise, Press, Ratchet, Safe, Shakes, Sharp, Shop, Shovel, Skilled, Spin, Switch, Winch.

10 LIBRARIES AND ARCHIVES

E	S	S	T	U	D	Y	H	P	A	R	G	O	I	B
S	U	N	L	E	A	R	N	Y	E	T	A	D	C	E
R	C	S	O	S	C	A	O	S	P	L	L	L	D	S
E	L	H	S	I	S	N	V	C	B	O	A	A	E	T
T	E	E	O	I	T	O	E	U	E	S	C	R	S	S
U	N	H	S	O	L	I	M	L	S	R	I	N	K	E
R	D	E	P	U	L	T	D	I	I	E	D	O	N	L
N	H	I	M	E	A	C	F	E	S	S	O	O	L	L
T	C	E	E	U	N	I	V	E	R	S	I	T	Y	E
S	K	W	T	G	C	D	N	V	E	T	R	R	T	R
C	O	H	R	A	E	O	E	S	C	I	E	A	T	E
A	O	R	T	I	V	L	T	E	N	A	P	C	A	F
R	B	I	T	E	T	A	L	D	D	E	O	I	B	E
D	O	S	L	I	C	E	E	O	S	T	R	A	L	R
N	E	E	T	K	S	X	R	C	C	I	T	Y	E	E

Album, Arts, Atlas, Author, Bestseller, Biography, Book, Card, Cartoon, City, Classification, Codes, College, Copy, Date, Desk, Dictionary, Editions, Essay, Index, Issue, Learn, Lend, Novel, Periodical, Pile, Read, Record, Refer, Report, Return, School, Selection, Series, Silence, Sort, Stack, Study, Table, Tapes, Teen, Thesis, Title, Topics, University, Volume, Writer.

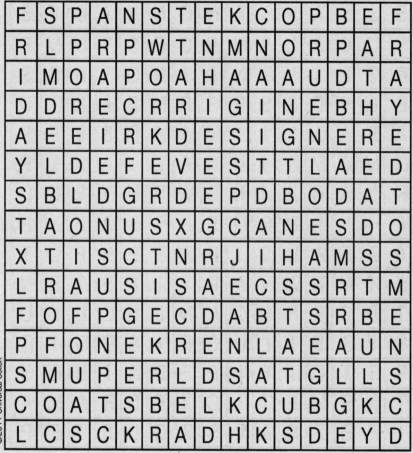

F	S	P	A	N	S	T	E	K	C	O	P	B	E	F
R	L	P	R	P	W	T	N	M	N	O	R	P	A	R
I	M	O	A	P	O	A	H	A	A	A	U	D	T	A
D	D	R	E	C	R	R	I	G	I	N	E	B	H	Y
A	E	E	I	R	K	D	E	S	I	G	N	E	R	E
Y	L	D	E	F	E	V	E	S	T	T	L	A	E	D
S	B	L	D	G	R	D	E	P	D	B	O	D	A	T
T	A	O	N	U	S	X	G	C	A	N	E	S	D	O
X	T	I	S	C	T	N	R	J	I	H	A	M	S	S
L	R	A	U	S	I	S	A	E	C	S	S	R	T	M
F	O	F	P	G	E	C	D	A	B	T	S	R	B	E
P	F	O	N	E	K	R	E	N	L	A	E	A	U	N
S	M	U	P	E	R	L	D	S	A	T	G	L	L	S
C	O	A	T	S	B	E	L	K	C	U	B	G	K	C
L	C	S	C	K	R	A	D	H	K	S	D	E	Y	D

Adorn, Apron, Baggy, Beads, Black, Bleached, Blue, Brands, Buckle, Bulky, Camp, Caps, Classic, Coats, Comfortable, Cuffs, Dark, Designer, Dress, Dyed, Fade, Firm, Frayed, Fridays, Fringed, Giant, Graded, Jackets, Jeans, Loops, Lounging, Men's, Name, Older, Pockets, Pores, Raised, Relax, Shape, Sleep, Snaps, Status, Stretch, Studded, Tapered, Thread, Tight, Unisex, Vest, Waist, Workers.

⑫ DAREDEVILS

S	L	L	A	F	L	E	N	O	N	N	A	C	E	S
V	O	C	A	L	A	M	R	C	O	S	T	U	M	E
P	T	E	I	L	U	N	G	I	N	G	S	R	S	S
S	N	V	D	S	S	P	S	P	M	E	L	K	I	U
A	E	A	I	I	I	I	M	A	R	D	S	E	E	P
G	M	C	M	N	V	U	N	A	L	I	A	F	L	P
K	N	A	B	E	J	N	D	W	R	H	V	E	C	O
F	I	Y	L	R	O	U	E	E	S	S	A	E	Y	R
A	A	E	A	U	E	I	R	A	R	P	N	P	C	T
S	T	M	N	W	V	A	R	Y	I	A	S	O	R	N
T	R	C	E	R	N	C	K	N	L	N	C	R	O	U
S	E	A	E	T	L	U	G	P	I	S	B	S	T	T
R	T	T	C	I	F	I	R	E	D	A	I	U	O	S
T	N	E	M	E	T	I	C	X	E	D	R	A	M	A
I	E	B	B	R	A	V	S	K	C	U	R	T	E	P

©2011 Universal Uclick

Aces, Admire, Airplane, Announcer, Bank, Bets, Break, Bump, Cannon, Cars, Climb, Costume, Crash, Dares, Drama, Entertainment, Excitement, Fail, Falls, Fame, Fast, Fire, Gasp, Injury, Interview, Jump, Leaping, Live, Lunging, Motorcycle, Music, Name, Ogle, Ramp, Risks, Rope, Runway, Scared, Spans, Stunt, Support, Train, Television, Tier, Trip, Trucks, Vans, Videos, Visual, Vocal.

⑬ COLLECTIONS

S	S	T	P	B	M	A	S	K	S	N	O	O	P	S
R	E	P	R	O	D	U	C	T	I	O	N	S	A	K
A	L	O	E	O	S	O	E	A	O	P	E	N	S	C
G	L	M	H	K	S	T	L	S	Y	O	T	D	Y	O
I	A	A	S	T	E	E	L	U	I	L	R	I	R	R
C	T	C	L	O	C	K	R	R	Q	M	E	P	E	V
S	Y	L	F	R	E	T	T	U	B	T	A	T	C	V
T	E	T	O	L	S	R	E	A	T	I	C	O	A	A
B	N	P	V	S	N	P	U	O	N	A	K	K	R	S
O	M	I	M	T	I	O	P	T	R	I	I	E	S	E
T	S	E	R	E	T	N	I	A	P	W	V	N	S	T
T	G	A	C	P	K	N	H	T	A	L	I	O	I	S
L	D	E	P	I	G	C	S	T	C	P	U	T	R	M
E	L	A	T	S	Y	R	C	S	P	U	C	C	E	Y
S	S	S	A	L	G	H	E	L	B	R	A	M	S	M

Antique, Auction, Bells, Bikes, Books, Bottles, Butterfly, Cameo, Cars, Character, Cigars, Clock, Crystal, Cups, Doll, Elvis, Gems, Glass, Hats, Insects, Interest, Item, Ivory, Kits, Marble, Masks, Miniatures, Museum, Paintings, Pens, Piece, Pins, Porcelain, Poster, Pottery, Print, Reproductions, Rocks, Sell, Sculpture, Sets, Shoes, Sort, Spoons, Token, Tool, Toys, Trade, Vase, Videos, Watch.

P	H	O	T	O	G	R	A	P	H	Y	R	E	R	T
M	A	I	X	R	L	R	M	E	K	A	L	A	F	E
E	N	R	E	T	A	R	O	C	E	D	E	L	E	S
T	G	A	D	M	S	P	O	T	S	L	V	A	L	O
A	R	Y	N	I	S	M	R	L	C	H	E	V	A	L
L	M	S	I	R	P	T	H	E	Y	E	B	O	T	C
L	F	L	W	A	H	P	T	N	T	M	L	L	E	S
I	L	A	C	G	U	S	A	S	I	N	L	F	L	E
C	A	T	I	E	O	N	B	M	N	T	U	H	E	H
L	S	L	K	R	E	O	I	O	A	I	F	O	S	R
O	H	A	F	K	E	C	P	O	V	U	P	U	C	E
U	M	E	O	O	C	S	B	T	P	S	R	S	O	T
D	D	R	C	O	M	B	T	H	I	B	O	E	P	A
Y	B	T	U	L	E	N	G	T	H	C	P	S	E	W
F	A	C	S	I	M	I	L	E	C	S	S	E	R	D

Bathroom, Bevel, Boat, Broken, Brush, Cheval, Chip, Clear, Closet, Cloudy, Comb, Compact, Counterpart, Decorate, Defrost, Dress, Facsimile, Fairest, Flash, Focus, Full, Glass, Hang, House, Lake, Length, Lens, Light, Look, Makeup, Metallic, Mimic, Mirage, Optics, Oval, Photography, Prism, Prop, Rays, Rear, Reflector, Sell, Smooth, Spots, Suit, Tale, Telescope, Tint, Vanity, Water, Windex.

O	I	D	A	R	E	M	T	I	M	B	R	E	E	O
E	N	R	T	C	H	L	E	A	P	B	H	I	T	S
D	I	A	O	A	E	Y	B	A	L	L	U	L	I	H
A	F	A	R	C	E	R	T	A	S	F	A	E	C	A
N	X	F	I	P	O	B	R	H	P	U	V	Y	E	R
E	O	O	A	A	O	E	R	A	M	A	R	A	R	P
R	V	T	D	T	E	S	E	E	T	U	C	E	I	G
E	B	W	E	P	S	S	W	C	C	I	S	A	N	G
S	A	T	E	S	T	K	O	O	B	O	N	I	I	U
Y	N	E	D	A	T	E	H	P	N	O	R	G	C	H
N	D	N	R	A	K	Y	S	G	M	T	S	D	D	C
I	L	O	O	H	C	S	S	I	S	O	P	E	R	A
A	D	R	L	E	S	S	O	N	T	I	C	O	O	E
R	H	O	S	E	I	D	L	O	N	H	G	I	H	T
T	W	O	L	S	M	C	O	N	C	E	R	T	C	S

©2011 Universal Uclick

Alto, Aria, Band, Beat, Blare, Book, Broadway, Capable, Chord, Coax, Compose, Concert, Deep, Flat, Gigs, High, Hits, Idol, Keys, Lesson, Lullaby, Measure, Melody, Music, Notes, Octave, Oldies, Opera, Piano, Play, Radio, Rating, Recite, Record, Rhythm, School, Serenade, Sharp, Shower, Slow, Songs, Soprano, Staff, Star, String, Teach, Tenor, Throat, Timbre, Train, Voice, Weak.

N	O	I	T	O	M	P	F	A	N	S	R	A	T	E
T	O	U	C	H	I	N	G	C	U	V	Y	A	L	P
E	V	I	H	C	R	A	P	B	I	N	E	O	T	T
S	H	O	T	H	P	T	T	R	N	P	R	N	O	S
V	O	U	J	A	C	I	S	U	M	P	E	E	D	A
I	R	N	L	P	T	M	F	C	M	L	I	F	M	C
E	R	C	O	L	L	E	C	T	I	O	N	H	U	T
W	O	O	E	I	D	R	R	S	E	T	S	C	E	T
E	R	D	M	N	S	A	C	P	Y	R	O	T	S	C
R	G	A	G	S	P	R	N	D	R	A	M	A	U	I
H	G	S	D	S	E	N	E	C	S	E	P	W	M	S
E	E	T	C	E	F	F	E	V	E	A	T	I	O	S
R	M	U	N	L	T	O	O	H	S	C	S	N	V	A
O	I	N	A	L	P	A	G	N	I	T	H	G	I	L
S	M	T	R	O	C	E	D	I	T	S	E	B	E	C

Acts, Archive, Best, Cast, Chaplin, Clap, Classic, Collection, Dance, Dated, Decor, Drama, Edits, Effect, Epic, Fans, Film, Funny, Gags, Hero, Horror, Image, Interpretation, Lighting, Mime, Mist, Motion, Movie, Museum, Music, Part, Past, Picture, Plan, Play, Plot, Rate, Role, Scene, Screen, Sell, Sets, Shoot, Shot, Star, Story, Stunt, Subtitled, Time, Touching, Vend, Version, Viewer, Watch.

T	N	E	R	A	P	S	N	A	R	T	C	D	D	S
E	S	L	U	F	R	E	W	O	P	A	F	I	N	E
S	N	O	C	I	E	G	L	A	S	S	R	O	E	P
T	O	S	L	O	M	R	T	E	L	A	W	E	L	A
R	I	M	E	D	I	U	M	P	T	L	M	C	B	R
O	T	G	A	O	U	Y	A	E	I	A	O	I	A	G
T	I	N	R	R	M	C	D	Q	N	L	L	W	R	S
U	D	A	W	A	K	L	U	O	O	T	A	A	T	F
B	A	T	H	S	D	E	L	R	B	R	I	R	P	I
I	R	S	I	L	U	E	T	E	D	N	O	M	E	L
R	T	P	T	R	R	F	D	N	M	N	H	I	T	T
T	S	A	E	T	I	A	D	J	G	S	S	N	O	E
S	O	C	S	G	R	P	E	O	L	P	E	G	A	R
I	C	E	L	T	B	U	S	Y	O	C	R	E	S	E
D	B	E	F	F	E	C	T	T	S	G	F	D	T	D

Award, Best, Blend, Body, Caps, Case, Clear, Color, Cost, Distributor, Effect, Enjoy, Ferment, Filtered, Fine, Fresh, Gift, Glass, Good, Grade, Grain, Grape, Lemon, Liqueur, Medium, Name, Odor, Pack, Palate, Powerful, Premium, Rated, Scent, Sips, Smell, Snow, Sold, Spirit, Spot, Strong, Subtle, Swallow, Tang, Test, Toast, Trade, Tradition, Transparent, Warming, White, Year.

W	F	F	S	S	H	W	A	X	Y	R	R	E	H	C
Y	T	L	M	O	I	H	D	N	U	O	R	F	S	L
R	A	O	A	F	F	I	N	S	W	L	F	T	T	L
R	K	R	C	M	B	T	E	Y	I	O	I	H	U	E
E	E	A	D	I	E	E	B	P	C	C	N	G	N	M
B	G	L	I	D	R	F	D	A	K	I	E	I	I	S
E	N	U	N	T	R	P	P	R	S	R	B	L	O	W
U	A	A	E	U	I	L	A	E	O	K	D	A	R	B
L	R	R	I	S	E	A	R	H	E	O	E	E	O	L
B	O	T	E	A	S	N	S	T	C	L	M	T	D	O
E	U	G	O	V	C	T	I	A	P	L	S	N	O	S
S	T	R	A	O	E	N	O	M	E	L	O	E	G	S
O	A	S	N	R	N	O	A	O	S	M	A	N	G	O
R	E	L	A	X	T	S	L	R	L	A	I	I	E	M
S	H	M	O	O	R	H	T	A	B	R	J	W	N	S

Almond, Aloe-Vera, Apricot, Aromatherapy, Basket, Bathroom, Bedroom, Berries, Blossom, Blow, Blueberry, Brand, Burn, Cherry, Clones, Color, Dine, Flame, Floral, Fruit, Guess, Heat, Jasmine, Lemon, Mango, Mild, Nuts, Odor, Orange, Plain, Plant, Relax, Resin, Rings, Rose, Round, Sample, Savor, Scent, Shore, Sleep, Smell, Smoke, Sniff, Soft, Stick, Tea light, Trees, Vases, Vogue, Wax, White, Wicks, Wine, Yard.

©2011 Universal Uclick

C	P	I	E	C	E	D	T	S	R	A	E	A	R	M
D	R	A	O	B	E	N	S	L	P	N	W	A	U	T
S	K	U	L	L	W	H	E	P	I	I	E	I	P	O
F	N	B	L	O	E	S	R	A	L	G	N	L	G	S
T	A	E	R	L	G	O	R	R	I	A	H	A	A	S
M	W	C	M	A	T	G	H	E	R	M	C	T	C	P
S	A	E	E	C	I	S	E	C	D	E	T	S	E	S
E	T	S	E	M	E	N	E	R	N	L	R	C	T	B
T	C	R	T	N	A	M	L	A	I	O	U	A	L	L
R	I	I	O	E	I	N	S	N	N	T	H	O	E	E
D	E	H	R	N	R	R	E	O	T	A	C	A	H	A
L	P	T	D	P	G	S	G	E	M	K	D	C	D	S
O	C	O	I	N	M	G	L	M	L	E	A	N	N	S
C	M	P	I	A	I	U	E	U	R	O	L	L	A	O
E	N	S	N	N	W	R	B	E	N	D	N	O	L	B

Ache, Bandana, Bend, Block, Blond, Board, Boss, Brain, Bump, Bulk, Coin, Cold, Count, Cranium, Crown, Director, Dome, Ears, Face, Game, Gear, Grin, Hair, Hammer, Hats, Heels, Helmet, Honcho, Hurt, Land, Leader, Lettuce, Light, Linesman, Logger, Mane, Master, Migraine, Mind, Noggin, Pale, Phones, Piece, Price, Rest, Roll, Scalp, Scan, Shoulders, Skull, Spin, Strong, Swelled, Tops, Toss, Waiter, Wigs.

L	B	O	U	N	C	E	T	E	P	R	A	C	R	O
E	A	T	C	L	A	S	S	W	O	R	H	T	C	A
O	L	U	U	D	B	E	A	M	O	E	S	S	A	G
T	L	B	D	A	N	C	E	O	H	A	P	T	T	N
A	E	L	B	I	X	E	L	F	N	O	I	A	C	I
R	T	A	T	G	V	F	B	M	R	F	R	M	H	W
D	R	U	M	R	T	I	Y	T	T	U	A	R	M	S
T	O	O	U	A	E	G	D	U	J	N	L	P	I	B
R	F	C	P	C	M	K	O	N	L	U	E	E	A	A
A	F	I	O	E	U	E	C	E	I	E	M	L	S	R
I	E	P	S	T	T	I	S	I	W	C	L	P	A	S
N	E	M	E	A	S	S	H	S	K	S	I	N	K	T
I	T	Y	R	U	O	E	V	O	M	N	G	S	C	A
N	N	L	M	N	C	S	T	Y	L	E	G	S	A	E
G	R	O	G	I	V	G	N	R	E	D	O	M	B	B

Arms, Back, Ballet, Balls, Bars, Basic, Beam, Beat, Bend, Bounce, Carpet, Catch, Class, Club, Costume, Curve, Dance, Effort, Feet, Flexible, Floor, Grace, Gymnast, Hold, Hoop, Individual, Jump, Kick, Legs, Leotard, Lesson, Mats, Modern, Move, Music, Olympic, Outfit, Pose, Range, Rate, Rope, Routine, Rules, Shape, Spin, Spiral, Sport, Style, Sweep, Swing, Talent, Team, Test, Throw, Training, Vigor.

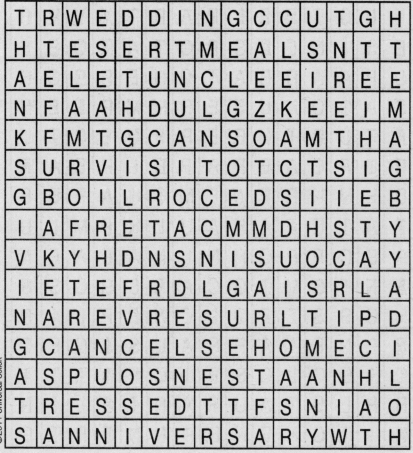

T	R	W	E	D	D	I	N	G	C	C	U	T	G	H
H	T	E	S	E	R	T	M	E	A	L	S	N	T	T
A	E	L	E	T	U	N	C	L	E	E	I	R	E	E
N	F	A	A	H	D	U	L	G	Z	K	E	E	I	M
K	F	M	T	G	C	A	N	S	O	A	M	T	H	A
S	U	R	V	I	S	I	T	O	T	C	T	S	I	G
G	B	O	I	L	R	O	C	E	D	S	I	I	E	B
I	A	F	R	E	T	A	C	M	M	D	H	S	T	Y
V	K	Y	H	D	N	S	N	I	S	U	O	C	A	Y
I	E	T	E	F	R	D	L	G	A	I	S	R	L	A
N	A	R	E	V	R	E	S	U	R	L	T	I	P	D
G	C	A	N	C	E	L	S	E	H	O	M	E	C	I
A	S	P	U	O	S	N	E	S	T	A	A	N	H	L
T	R	E	S	S	E	D	T	T	F	S	N	I	A	O
S	A	N	N	I	V	E	R	S	A	R	Y	W	T	H

Anniversary, Aunt, Bake, Bite, Buffet, Cake, Call, Cancel, Cater, Chat, Cheer, Cooking, Cousins, Date, Decor, Delighted, Dessert, Dish, Dress, Event, Family, Feast, Formal, Friends, Game, Gathering, Guests, Holiday, Home, Host, Many, Meal, Meet, Menu, Party, Plate, Seat, Serve, Sets, Sister, Smile, Social, Soiree, Soup, Thanksgiving, Tray, Treat, Uncle, Visit, Wedding, Wine, Zest.

T	L	S	T	E	E	L	P	A	R	T	Y	V	V	R
E	S	I	N	E	D	S	P	O	T	A	T	O	E	S
L	P	A	A	R	B	A	T	C	H	E	R	G	G	H
S	A	I	O	U	U	E	E	R	M	M	R	E	E	S
F	T	O	P	T	Q	B	E	R	F	U	E	G	T	U
F	U	P	C	A	E	P	A	F	B	L	R	E	A	R
B	L	M	K	R	P	W	E	M	O	I	A	E	B	B
F	A	I	E	E	A	K	A	U	L	K	P	M	L	U
I	D	R	P	P	O	H	N	L	N	A	E	W	E	N
S	N	H	S	M	T	G	C	A	R	S	R	O	S	S
H	G	S	S	E	E	O	L	C	N	P	P	L	I	N
P	L	N	F	T	A	P	S	A	U	S	A	G	E	O
O	A	O	O	L	C	S	P	I	C	E	A	T	T	I
R	R	E	S	T	A	U	R	A	N	T	E	L	I	N
K	I	T	C	H	E	N	D	I	N	N	E	R	T	O

Bars, Batch, Beef, Bread, Brush, Buns, Burn, Charcoal, Coals, Dinner, Ducts, Fish, Flames, Flip, Fork, Fume, Glow, Grill, Hamburger, Kids, Kitchen, Lounge, Meat, Onions, Pans, Party, Patio, Pepper, Pipe, Plank, Pork, Potatoes, Prepare, Pubs, Quail, Rare, Restaurant, Salt, Sausage, Scrape, Shrimp, Smoke, Spatula, Spice, Spit, Steak, Steel, Temperature, Toast, Tongs, Vegetables, Warm.

D	E	T	C	E	T	O	R	P	D	E	G	R	A	L
W	O	R	R	U	B	J	A	W	S	E	T	A	O	G
H	M	M	E	W	H	I	T	E	K	R	E	E	D	M
I	E	U	I	V	P	T	L	L	C	F	R	F	O	P
M	G	Z	K	N	R	B	E	H	A	V	I	O	R	R
P	A	Z	C	R	A	E	G	E	R	M	S	O	E	E
E	E	L	A	F	R	N	S	S	T	E	I	D	A	Y
R	A	E	P	U	S	I	T	E	N	D	A	N	L	M
W	Y	A	T	H	W	H	S	I	R	E	L	I	A	T
K	R	A	B	G	A	W	N	L	L	T	D	M	S	T
P	N	I	R	B	P	A	I	I	L	S	M	N	K	E
E	T	O	I	G	C	V	F	Z	H	A	C	O	A	T
E	W	T	R	E	E	E	F	O	L	E	C	R	O	N
L	S	P	E	E	D	N	W	O	R	B	S	T	R	U
S	S	N	O	W	I	L	D	S	M	Y	T	H	S	H

Alaska, Alpha, Animal, Bark, Beast, Behavior, Bite, Brown, Burrow, Call, Canine, Claw, Coat, Deer, Dens, Dominant, Ears, Fables, Feed, Food, Free, Goat, Gray, Growl, Habits, Howl, Hunt, Jaws, Large, Leader, Legs, Life, Live, Mammal, Moose, Muzzle, Myths, Nature, North, Omega, Pack, Paws, Prey, Protected, Reserve, Sleep, Sniff, Snow, Speed, Tail, Teeth, Track, Tree, Whimper, Whine, White, Wild, Year, Zoos.

M	G	P	K	S	S	S	E	R	G	O	R	P	S	S
R	R	R	L	C	Y	E	P	T	N	E	L	A	T	S
E	O	O	A	D	I	S	C	O	V	E	R	U	C	S
W	W	F	F	P	A	U	T	T	V	N	D	G	A	E
O	T	I	A	R	H	M	Q	E	R	Y	R	I	F	N
P	H	C	G	M	E	A	L	A	M	A	P	V	P	T
T	E	I	E	L	I	P	E	A	D	A	I	E	C	I
S	L	E	O	E	L	L	S	E	E	S	T	N	A	F
A	P	N	L	O	N	T	I	G	E	S	E	I	L	K
M	G	T	O	A	E	E	A	A	C	T	H	L	C	C
F	A	H	D	R	E	T	R	U	R	G	A	T	U	E
A	C	X	K	R	S	D	E	G	R	U	I	R	L	R
S	T	S	E	T	I	M	I	N	Y	M	V	F	A	A
T	A	E	C	N	A	V	D	A	I	E	M	I	T	W
T	S	E	G	G	U	S	E	L	A	B	O	R	E	A

©2011 Universal Uclick

Aces, Advance, Amuse, Aware, Calculate, Curve, Discover, Drive, Energy, Exam, Facts, Familiar, Fast, Fitness, Game, Gift, Given, Grade, Graph, Grasp, Growth, Help, Ideal, Labor, Language, Learn, Level, Limit, Long, Master, Peak, Perform, Power, Proficient, Progress, Quick, Rate, Rules, School, Slow, Stage, Step, Study, Suggest, Systematic, Talent, Task, Tests, Time, Train, Urged.

```
S I T U A T I O N W D E E N T
E S S O B N T N I O P W E I V
N A U S F E E H U R T S M C M
S G J O N V E B O D T I R R P
I E R S I O T E U S L I F E W
B M U G F L I S E S T E R Y A
L R M F S C R T E I I S G W N
E K E E S L W N C D P N I A T
T R U E U E T A K E E T E L L
L O G I C A L E C A J M M S E
U T D S S R L T A S F B A K S
S N N O I N I P O C Y R O S I
N E A L D V W K N I H T A A W
O M H V E N C O U R A G I N G
C T N E M U G R A T S U R T K
```

Argument, Asks, Best, Boss, Business, Clear, Consult, Critical, Discuss, Encouraging, Frank, Give, Hand, Hurt, Ideas, Inform, Just, Lawyer, Legal, Limit, List, Logical, Love, Mentor, Need, Notify, Objections, Offer, Opinion, Perspective, Sage, Same, Seek, Sensible, Sent, Situation, Solve, Sure, Take, Teach, Tell, Tests, Think, True, Trust, Viewpoint, Want, Will, Wise, Words, Write.

S	H	A	R	E	V	E	R	S	E	D	C	D	Y	W
S	S	C	R	E	G	A	P	G	E	C	Y	H	C	A
D	T	D	A	I	L	E	F	N	O	R	E	H	A	I
N	B	E	I	E	A	I	O	I	A	S	A	C	V	T
E	S	U	L	K	R	H	N	T	E	R	S	O	I	G
I	S	Y	S	E	P	D	E	E	G	D	I	I	R	N
R	E	P	L	Y	M	R	I	E	S	C	O	E	P	I
F	N	S	A	I	C	A	A	R	E	A	S	C	S	S
O	I	P	A	E	M	E	R	G	E	N	C	I	E	S
L	S	H	S	E	E	A	L	K	A	C	G	F	R	A
L	U	H	U	C	S	I	F	P	E	N	T	F	E	R
E	B	O	I	R	S	R	K	L	A	T	L	O	D	A
H	E	L	P	T	R	B	E	L	L	U	I	L	R	H
L	O	D	E	I	N	Y	E	V	R	U	S	N	O	Y
P	G	N	I	N	E	O	N	E	O	N	E	E	G	T

©2011 Universal Uclick

Areas, Bell, Business, Busy, Charge, Chat, Code, Coin, Directory, Emergencies, Family, Fire, Friends, Gossips, Harassing, Hello, Help, Hold, Hurry, Kids, Lines, Listen, Nice, Nine-one-one, Office, Order, Overseas, Pager, Pause, Pay phone, Police, Privacy, Reach, Reply, Reversed, Secretary, Share, Signal, Speak, Survey, Talk, Telemarketing, Toll, Voice, Wait.

Y	H	U	S	K	Y	L	L	I	S	Y	C	T	D	E
G	E	M	C	L	E	A	N	R	N	O	F	E	Z	S
G	R	A	S	L	A	M	I	N	A	I	K	I	T	L
A	L	C	S	D	E	B	U	T	G	A	S	R	H	E
B	E	A	D	Y	B	F	S	E	O	E	O	I	U	E
E	L	S	W	E	R	O	T	S	L	P	M	N	D	V
X	B	U	D	A	P	I	N	A	S	N	A	E	J	E
E	A	A	E	R	R	P	S	R	B	O	H	V	R	L
R	T	L	Q	O	N	M	O	P	E	C	A	U	O	E
C	R	I	V	U	N	I	R	R	A	T	L	O	U	S
I	O	A	H	O	A	O	A	E	C	G	T	S	S	S
S	F	L	T	W	M	L	L	L	H	R	E	A	P	M
E	M	T	O	O	E	B	I	Y	P	E	R	O	P	A
N	O	O	T	R	A	C	S	T	R	E	T	C	H	L
C	C	E	S	K	I	R	T	S	Y	N	E	C	K	L

Animals, Arms, Baggy, Beach, Black, Bleached, Blue, Cartoon, Casual, Clean, Coats, Color, Comfortable, Cotton, Cropped, Easy, Exercise, Favorite, Funny, Gift, Green, Halter, Husky, Jeans, Name, Neck, Pattern, Plain, Promote, Quality, Ribbed, Sales, Silly, Size, Skirt, Sleeveless, Small, Soaked, Souvenir, Sports, Store, Stretch, Style, Tops, Tubed, Warm, White, Year.

S	C	I	M	O	C	E	T	S	A	F	N	A	T	I
E	M	S	S	E	C	T	T	A	I	E	H	E	N	N
T	V	A	E	I	T	E	A	C	S	T	N	V	A	R
N	V	I	T	V	L	R	T	L	G	A	I	H	E	T
E	F	S	T	L	E	I	O	N	L	N	P	P	S	N
K	U	L	U	O	O	E	E	P	C	R	O	I	T	U
J	R	B	I	N	M	R	R	I	O	R	O	I	S	T
D	S	Y	A	G	T	O	B	O	T	L	U	N	R	S
R	B	L	P	S	H	L	C	E	M	S	I	A	E	K
A	A	L	E	T	E	T	R	O	V	A	P	S	R	Z
M	I	L	U	U	O	L	S	E	L	A	N	A	A	O
A	A	L	U	E	Q	N	C	L	S	E	L	C	C	R
T	H	E	L	P	A	E	I	S	N	C	A	O	E	E
S	T	A	E	F	O	V	S	T	U	P	U	P	R	H
G	R	O	I	R	E	P	U	S	E	M	A	E	R	D

Blue, Bullets, Cape, Care, Clark, Comics, Drama, Dream, Fans, Fast, Feats, Fictional, Flight, Help, Hero, Invincible, Justice, Kent, Kryptonite, Leap, Locomotive, Lois, Luthor, Metropolis, Muscles, Olsen, Orphan, Planet, Popular, Reeves, Reporter, Rescue, Romance, Save, Sequels, Strength, Stunt, Suit, Superior, Tale, Tall, Trap, Valor, Villains.

N	O	I	S	I	V	E	L	E	T	S	H	O	R	T
N	S	S	A	B	L	U	E	S	R	O	C	E	D	L
I	S	H	O	O	T	Q	O	I	D	U	T	S	C	I
G	S	U	C	O	F	I	D	S	S	T	A	R	U	S
H	T	T	A	G	A	N	R	G	N	I	W	S	T	T
T	O	N	A	I	P	H	U	E	C	D	E	O	S	E
C	P	U	D	E	M	C	M	L	A	G	A	A	U	N
L	S	E	C	D	B	E	S	E	N	F	F	N	C	S
U	M	E	N	S	V	T	L	A	L	D	I	S	C	O
B	I	A	S	O	L	O	R	O	M	A	N	C	E	E
P	B	G	M	U	I	R	P	T	D	U	B	S	S	N
R	E	G	A	N	A	M	E	N	M	Y	H	E	S	J
O	T	E	I	D	C	E	A	S	C	I	R	Y	L	O
P	A	R	T	S	N	F	I	G	U	R	E	E	L	Y
S	N	O	I	S	S	U	C	R	E	P	J	A	Z	Z

Arrange, Band, Bass, Beat, Blues, Boogie, Cuts, Dance, Decor, Disco, Drums, Dubs, Enjoy, Fast, Figure, Flop, Focus, Hymn, Image, Jazz, Label, Lead, Legs, Listen, Lyrics, Manager, Media, Melody, Movement, Nightclub, Parts, Percussion, Piano, Piece, Props, Reel, Reggae, Romance, Shoot, Short, Solo, Sound, Spot, Star, Studio, Success, Swing, Technique, Teen, Television.

30 VISUALIZATION

E	Z	I	L	A	U	S	I	V	M	E	M	O	R	Y
L	L	I	K	S	L	I	A	T	E	D	O	M	P	M
M	U	L	O	C	I	F	I	C	E	P	S	S	T	I
I	D	U	B	E	I	M	A	G	E	R	Y	I	R	R
N	N	O	R	E	U	Q	I	N	H	C	E	T	E	E
D	D	A	E	E	Y	P	N	X	H	M	E	R	L	S
Y	C	E	W	X	T	L	R	O	E	L	U	O	A	E
D	T	D	O	P	P	H	L	A	I	T	L	L	X	A
N	O	I	P	E	S	O	G	A	C	S	R	E	N	R
R	G	H	L	R	G	I	S	I	T	T	I	O	C	C
R	O	O	T	I	E	C	P	I	S	N	I	V	C	H
O	A	L	S	E	B	A	I	T	T	T	E	C	S	E
T	L	T	O	N	M	A	L	G	O	I	N	M	E	R
O	S	E	L	C	S	U	M	M	O	O	V	A	L	S
M	L	L	C	E	R	E	B	R	A	L	L	E	F	Y

Ability, Body, Care, Cell, Cerebral, Color, Cortex, Details, Experience, Goal, Idea, Imagery, Logic, Memory, Mentally, Method, Mind, Mode, Motion, Motor, Muscles, Picture, Positive, Power, Practice, Psychologists, Real, Relax, Researchers, Role, Self, Sight, Skill, Sound, Specific, Technique, Tool, Vision, Visualize.

```
R M R A L A L S E V O T S E N
S E R U L A I T N E D I S E R
P E N M R A F R O W S A I O E
A A T T O A D E Y U E G Y S C
E D N T A N L E I L H E U S A
H E E T I L T T U B S O K O P
C P M F R N E H O U H C S L S
L O T S F Y G R F I O Y H O Y
C S R L U O H S A L S O A F R
L I A P E O R P M D T Y R R E
O T P A O T O T I E E I E U D
S I A D R O O S L H L A B K L
E G O S L E M M Y L S U L R O
T O I D U T S B S A W A T E R
R B U D G E T T E L B A C S R
```

©2011 Universal Uclick

Airy, Alarm, Apartment, Area, Bays, Budget, Build, Cable, Cash, Central, Cheap, Closet, Cost, Days, Dealer, Deposit, Digs, Door, Effort, Family, Farm, Find, Frills, Hotel, House, Keys, Lease, Locks, Lots, Month, Motel, Neighborhood, Older, Pads, Pantry, Pool, Rental, Residential, Rest, Rooms, Rows, Rural, Setting, Share, Solo, Space, Stove, Street, Studio, Suite, Tubs, Water, Weekly, Yard, Yuppie.

I	G	H	C	R	A	E	S	E	R	E	B	M	E	M
N	N	K	S	I	R	A	N	I	M	E	S	R	L	O
E	I	S	W	A	L	F	R	K	Y	T	E	F	A	S
G	N	T	T	G	O	O	E	S	E	S	R	U	O	C
O	I	U	S	R	E	T	P	A	H	C	V	K	G	I
T	A	D	C	A	U	E	O	T	Y	P	I	S	T	C
I	R	E	M	D	D	C	R	I	M	E	C	L	O	L
A	T	N	I	U	L	H	T	L	E	H	E	U	O	S
T	T	T	S	A	O	N	L	O	I	G	R	O	U	P
I	S	S	S	T	M	I	A	E	R	T	H	R	S	R
O	Y	S	I	E	K	Q	F	C	V	C	E	E	T	O
N	L	W	O	S	I	U	S	T	S	E	T	A	N	G
I	A	O	N	B	N	E	W	O	R	K	L	D	E	R
A	N	R	A	I	D	B	R	A	V	E	R	Y	G	A
G	A	N	G	S	S	E	C	O	R	P	T	E	A	M

Agents, Analyst, Boss, Bravery, Career, Chapters, Chief, Course, Court, Crime, Enforce, Gain, Gangs, Goal, Graduates, Group, Instructor, Kind, Laws, Level, Member, Mission, Mold, Negotiation, Police, Process, Program, Raid, Ready, Report, Research, Risk, Safety, Scan, School, Seminar, Service, Skill, Students, Sworn, Task, Team, Technique, Tests, Training, Typist, Work.

33 IT'S "FREE"

G	P	T	H	R	O	W	T	K	C	I	K	T	L	S
I	L	L	A	C	N	R	T	A	C	A	N	R	L	Y
V	Y	C	L	R	A	U	R	H	E	E	W	A	O	M
E	S	E	O	I	E	E	O	R	G	H	C	D	T	P
N	A	B	L	N	W	I	B	A	E	I	M	E	Y	T
R	E	O	O	O	C	O	M	E	D	R	L	T	E	O
B	V	Z	R	E	A	E	L	A	O	L	E	N	D	M
E	V	L	I	R	S	P	R	F	L	F	U	O	U	L
S	D	E	D	T	E	T	A	T	A	M	R	N	L	S
E	T	I	R	R	I	L	H	S	M	N	A	E	C	O
D	M	A	S	S	L	C	C	O	S	A	C	S	X	H
N	H	O	T	S	E	I	C	O	U	A	R	Y	O	C
A	N	O	H	E	E	R	O	S	P	G	G	K	I	N
T	R	O	P	S	F	R	V	S	T	E	H	E	E	Y
S	T	S	R	E	I	N	P	E	N	D	U	T	Y	T

Agent, Board, Born, Break, Call, Care, Cell, Choice, Citizen, Clear, Commune, Concert, Cope, Duty, Easy, Fall, Fancy, Feel, Form, Games, Given, Hope, Home, Kick, Love, Lunch, Market, Mason, Odor, Oxygen, Passage, Person, Press, Radicals, Rein, Safety, Serve, Shot, Soil, Sore, Speech, Sport, Stand, State, Sunlight, Symptom, Thought, Throw, Toll, Trade, Trail, Verse, Wheel, World, Zone.

34 CONFUSION

E	D	E	L	T	T	A	R	Y	H	R	S	B	R	T
Z	P	A	L	F	L	U	S	O	A	H	L	I	A	D
A	A	A	T	U	M	S	D	O	S	U	T	H	E	E
D	N	R	O	P	E	G	R	D	R	S	W	R	R	K
U	I	F	U	M	E	P	M	M	E	A	E	U	I	C
P	C	S	R	P	U	T	M	E	Y	D	C	R	M	O
S	B	L	O	U	U	I	D	U	L	S	U	K	T	H
E	A	D	E	R	S	C	N	I	B	G	T	O	E	S
T	G	C	M	T	I	T	W	O	S	U	N	I	L	T
E	A	O	A	T	A	E	R	O	M	O	S	U	F	C
R	I	K	O	R	B	N	N	A	R	E	R	T	J	Y
L	E	A	R	E	F	E	G	T	T	R	D	D	L	T
N	H	I	R	E	H	T	A	L	E	I	Y	N	E	E
C	O	M	P	L	I	C	A	T	E	D	O	R	A	R
T	D	E	T	C	A	R	T	S	I	D	F	N	S	P

Beat, Bewildered, Blur, Bump, Bustle, Chaotic, Clouded, Complicated, Daze, Disorder, Disoriented, Distracted, Flap, Foul, Fracas, Fret, Frustration, Hodgepodge, Jungle, Lather, Messy, Mire, Mistaken, Mystify, Obscure, Pandemonium, Panic, Race, Racket, Rattled, Riot, Rumpus, Shock, Stir, Stress, Tangled, Trip, Turmoil, Uproar, Upset, What, Worry.

```
S T S E U G D S H C E E P S N
U B C H A P E R O N E E N I F
I O A L S V S J E L E O T N O
T W A N O N C T G S O A O A O
P T I L D O O W R L S S G I D
E I G N U S R I L E D E A R R
D E C P E O T A T N S K O O C
I S L T I E B U E A O E I T R
C E R N U Q X I D O R N D C E
U L U E U R R L B E E O L I N
R J S E N F E R O S R A C D N
E U E Z I N A G R O S E H E I
K N A R W E A W I S H A T L D
S E F O Y E R B G N I C N A D
R E G N I S A W A R D S S V C
```

Awards, Balloons, Bands, Banners, Bow ties, Catered, Chaperone, Class, Cooks, Couple, Dancing, Date, Decorations, Desert, Dinner, Dress, Escort, Food, Foyer, Friends, Gala, Glee, Gloves, Gown, Guests, Hair, June, Junior, Organize, Pedicure, Picture, Queens, Rank, Rite, Satin, School, Senior, Singer, Speech, Suit, Toga, Tux, Valedictorian, Wine, Wish, Yearbook.

```
S Y O T K S G L B R U S H S R
K C A R C R U R A G P N T L I
L C E R A M I C N Y I E E O A
C A A V P C N I A L E C R O P
H P E S K S D H O H C R R H E
E L X S N L B A S K E T A C R
M P P D O E K B S U S D C S S
I E A M A S K S M Y R L O A S
C G N I E U E O A A I C T S M
A N D N N R B R R N S U T D O
L I O E P T G B G B R S A E O
T T B R R N E V O A A P E H T
S A U A O I C D T C O R M S H
A O E L K A M E T G N I K A C
P C E H N E D R A H O L D W D
```

Absorb, Bake, Basket, Bricks, Broken, Brush, Caking, Casts, Ceramic, Chemical, Cling, Coating, Crack, Crush, Damp, Daub, Expand, Gravel, Gray, Harden, Heat, Hold, Kaolin, Layer, Lumps, Masses, Mineral, Mire, Molding, Oven, Pack, Painted, Pieces, Porcelain, Pour, Press, Repair, Road, Saturated, School, Scrape, Seal, Sheets, Smooth, Spray, Stones, Terracotta, Toys, Washed.

```
L W O B P N I G H T S H A D E
T D A N U B O L N A N A N A B
E K E Y E L L O W I B E L L F
E P M C D E B V O C H E W A S
W A A E I N R E R E H H D P D
S I N S N D T G B E I E E C B
F N O S L T E E A T E C I U J
T I U R F A A T E L K B R T S
D C E O I M S A A S U S D T T
E I S R O P M B S R T M R I A
T A S R Y I E L N E D O P N S
A S A H L L L E M W N Y E G T
L P A I E A L S L G A P H L E
P A H L W S G N I N O S A E S
K C A L B D O O F L E S H Y D
```

Aroma, Bake, Banana, Bell, Black, Blast, Blend, Bowl, Brown, Bulb, Burn, Burst, Capsaicin, Chew, Chili, Cutting, Dehydrated, Diced, Dishes, Dried, Fade, Fiery, Fleshy, Food, Fruit, Glove, Golden, Green, Heat, Juice, Label, Lump, Nightshade, Open, Pain, Peel, Plate, Ripe, Salad, Salsa, Salt, Seasoning, Smell, Soft, Specks, Stems, Strong, Sweet, Taste, Vegetable, Walls, Wash, White, Yellow.

```
N P A I N T T C O N C R E T E
I B R R P S S H I N E S F I T
A E O E I M T U O M A P L L H
R M S O V O A A D B P I A E G
G I M U W O G D G A D R T S I
E N A E O T C N T E I T I W A
T O L P E H S T I P A S O N R
A I L P E G E C S D L R I W T
R T R E R R M G R A N I T E S
O A T O N E A S O U I A N C U
C D U A B O T T O M B G S L N
E N O E C U T N D R I B B E D
D U L W R H Y S E S O L I A E
R O O D N I E D E C K C L N R
W F Y S O L I D P L A N K S G
```

©2011 Universal Uclick

Attached, Base, Below, Bottom, Carpet, Center, Clean, Concrete, Cover, Damp, Deck, Decorate, Design, Doors, Down, Dust, Flat, Foundation, Grain, Granite, Ground, House, Imprint, Indoor, Inlaid, Matty, Mills, Moist, Paint, Pattern, Plank, Repair, Ribbed, Rock, Sanding, Scrubbing, Shine, Small, Solid, Spiral, Stage, Stone, Straight, Strips, Sturdy, Tiles, Towel, Twirl, Under, Worn.

```
K C O L B T R P D G S K C O D
E E V C P U R E N R R O P E S
S G E U E A R I T U A O D G O
W O R R Y A V Y S S E R U D U
I E W E C O N P T H A S G N N
F E H S M E R A A I H S N H D
T T E H R E L N N N K N I S A
S A L I A A S I D G S G T D M
U U M D K L N C I E H R L E A
N C I E U G T M N G X M E K G
A A N D U A A I G R R C M I E
M V G L N E G S N O W T E D P
I E F R R O A A T G I L O S S
I N S T O P P S T D P M A W S
M A S S I V E Y E E R U T A N
```

Algae, Block, Bury, Coastal, Creek, Damage, Dike, Disaster, Docks, Draining, Duress, Emerge, Erupt, Evacuate, Excess, Gate, Gorge, Ground, Gulf, Gush, Halting, High, Lake, Loss, Massive, Melting, Mire, Moving, Nature, Ocean, Overwhelming, Panic, Piers, Pond, Pray, Ropes, Rushing, Scared, Sink, Sludge, Snow, Sound, Spread, Standing, Stop, Storm, Stream, Swamp, Swift, Tide, Tsunami, Worry.

N	L	R	E	H	T	A	E	W	N	D	D	I	R	G
R	E	E	H	I	S	T	O	R	I	C	R	A	E	E
E	A	P	L	S	K	E	H	V	A	E	E	E	V	M
I	K	O	O	B	N	E	E	C	T	G	G	K	A	B
R	S	R	C	O	A	R	E	A	N	R	S	I	E	A
R	C	T	T	E	T	I	W	R	O	A	N	D	B	N
A	I	S	R	C	A	B	L	E	C	T	R	O	C	K
B	L	E	V	E	E	N	N	E	A	E	H	B	F	M
E	A	L	W	C	A	I	D	I	R	S	E	L	R	E
S	K	C	O	D	A	M	N	I	I	N	O	E	C	N
I	E	A	I	R	K	V	M	F	L	O	W	N	H	T
A	A	T	T	A	C	H	E	D	D	O	E	I	Y	E
R	C	S	I	H	O	L	D	R	P	F	S	R	D	G
H	E	B	B	S	L	D	O	W	N	P	O	U	R	E
R	I	O	V	R	E	S	E	R	I	V	E	R	O	Y

Across, Attached, Barrier, Beaver, Branch, Cable, Cavern, Contain, Creek, Dike, Ditch, Divert, Docks, Downpour, Dregs, Ebbs, Embankment, Fence, Fish, Flood, Gear, Grates, Grid, Historic, Hold, Hydro, Lake, Leak, Levee, Lock, Maintain, Mire, Obstacle, Ocean, Open, Power, Raise, Reliable, Reservoir, Restrain, River, Rock, Sites, Solid, Stone, Stream, Water, Weather, Weir, Wide.

L	P	T	W	O	R	C	E	R	A	C	S	P	T	S
N	A	I	L	W	I	L	O	W	A	D	U	A	S	O
E	L	B	O	T	H	L	L	S	R	E	G	N	I	F
S	M	B	S	S	E	P	I	E	K	S	B	C	U	T
T	L	A	A	S	A	G	S	A	S	N	A	U	Q	M
E	L	R	G	D	N	S	M	A	G	C	S	D	O	R
P	C	R	D	I	D	O	F	R	I	E	N	D	L	Y
P	W	E	T	Y	S	E	F	L	W	A	E	L	I	D
U	D	T	K	C	T	O	P	R	W	L	S	Y	R	E
P	I	C	S	Y	O	E	S	K	E	E	H	C	T	T
F	A	A	S	T	R	A	I	G	H	T	M	A	N	N
W	O	R	B	I	E	S	T	C	L	D	A	A	E	E
A	O	A	A	M	S	P	T	S	N	O	M	I	V	L
L	L	H	M	E	D	I	C	A	L	E	V	I	L	A
L	C	C	S	R	P	L	H	G	A	R	M	E	N	T

Alive, Bear, Chair, Character, Cheeks, Coats, Crash, Cuddly, Dress, Elbow, Fingers, Fitting, Foam, Football, Friendly, Game, Garment, Glove, Hand, Labs, Lips, Makeup, Medical, Model, Nail, Name, Padded, Palm, Pitches, Plastic, Puppets, Rabbit, Replica, Retail, Rods, Roles, Safety, Scarecrow, Sell, Show, Soft, Stores, Straight man, Tags, Talented, Timer, Ventriloquist, Wacky, Wall, Wand, Wigs.

42 GETTING A FILL-UP

H	I	T	R	E	S	N	I	P	O	T	S	H	S	L
S	Q	U	I	R	T	P	G	S	N	D	O	L	E	L
F	U	E	L	O	A	D	E	E	T	S	A	A	H	E
S	I	G	A	S	O	L	I	N	E	E	D	O	S	S
T	C	D	N	B	E	L	L	W	D	E	E	N	R	R
O	K	A	N	C	C	E	A	E	D	I	A	R	E	A
C	C	A	T	A	C	L	N	T	L	V	N	M	T	C
K	U	B	E	O	R	I	E	O	O	C	O	G	I	S
N	R	F	U	L	L	B	T	L	I	T	I	T	L	S
O	T	N	F	T	R	O	U	C	S	T	A	H	T	R
L	T	N	L	O	T	M	H	U	R	M	A	A	E	E
L	P	M	U	P	E	O	C	O	O	E	T	C	B	V
A	A	T	I	O	I	T	N	T	L	I	D	S	O	E
G	E	Y	D	C	M	U	U	S	O	D	D	I	A	L
P	I	P	E	T	N	A	D	N	E	T	T	A	T	F

Amount, Attendant, Automatic, Automobile, Bell, Boat, Brand, Buttons, Cars, Choice, Chute, Client, Count, Credit, Customer, Deals, Dial, Fast, Fluid, Fuel, Full, Gallon, Gasoline, Hold, Hose, Insert, Leaded, Leak, Levers, Liter, Load, Location, Pipe, Pump, Quick, Road, Route, Select, Sell, Snack, Spending, Squirt, Station, Stock, Stop, Streets, Total, Truck, Vans, Vehicle, Volume.

```
B L Q U I E T L P L S S S H E
L L E C E R U S A E R T T G S
R E A Y I C U R T N U P A A U
E M E C D A E I H N E S L O B
T S K S K N A B N D S S A T M
L L A S I D I E C A P S C E E
E F L M R L L W P C R A T E R
H S F A E E E A L T F I I E G
S E I I S M I N A I M B T B E
G N C L L N I T T O M A E O D
A O A H T C I R L K W E S D M
S T R I O B A O G C C F D Y S
E S N G A A D U N G E O N I A
S G S H E E T S S M O O R N H
S E C R E T S A L S K R A D C
```

Artifact, Banks, Bats, Beds, Black, Body, Candle, Cell, Chasm, Cliff, Crater, Dark, Depth, Dolomite, Drain, Dungeon, Echo, Flake, Gases, Gorge, Grime, Habitat, Hide, Lanes, Lime, Mineral, Moats, Paintings, Passage, Path, Quiet, Rock, Roof, Rooms, Ruin, Secrets, Sheets, Shelter, Silent, Silt, Slate, Smell, Space, Stalactites, Stone, Submerged, Tiers, Treasure, Trickle, Tunnel, Water, Windy.

E	P	P	R	A	H	S	E	T	F	I	L	P	U	P
F	U	T	I	L	I	T	I	E	S	O	R	E	E	R
F	O	O	D	I	A	A	W	U	S	I	R	R	U	O
E	G	O	L	M	I	G	F	O	C	P	I	C	S	F
C	N	C	I	I	I	F	L	E	R	O	E	E	E	I
T	I	T	N	T	E	L	S	O	D	G	G	N	S	T
B	S	I	T	R	S	A	D	I	B	A	R	T	D	O
E	U	E	E	T	E	T	C	Y	W	A	A	A	E	P
S	O	Y	R	R	F	I	M	L	E	T	L	G	P	Y
L	H	A	E	K	I	O	K	A	I	A	A	E	L	H
A	H	V	S	R	N	N	S	S	R	T	R	P	X	Y
C	E	I	T	O	A	A	T	T	S	K	P	S	E	P
S	R	C	C	B	N	I	R	I	A	U	E	N	D	E
I	A	E	E	L	C	Y	C	N	S	T	O	T	N	R
F	R	A	I	S	E	H	I	G	H	M	E	S	I	R

Bank, Buyer, Charts, Cycle, Economy, Effect, Estimate, Fact, Finance, Fiscal, Food, Force, Fuel, Global, Graph, Growth, High, Housing, Hyper, Hypo, Index, Interest, Lasting, Limit, Market, Mild, Money, Percentage, Periodic, Prices, Profit, Raise, Rank, Rise, Risk, Severe, Sharp, Spend, Stage, Stagflation, State, Statistics, Suffer, Supply, Uplift, Utilities, Wages, Years.

H	B	K	R	I	L	L	E	N	N	A	H	C	M	N
N	T	E	U	G	N	O	L	C	B	E	U	U	I	A
O	U	U	R	O	D	A	C	R	A	S	M	H	G	T
T	O	L	O	E	M	A	E	V	L	P	U	R	E
K	N	B	P	M	P	A	Y	C	D	L	L	O	A	L
N	S	T	A	A	T	P	O	M	O	E	P	S	T	A
A	H	M	B	H	R	A	I	D	B	I	O	F	I	S
L	K	L	E	O	S	W	B	L	C	S	R	S	O	R
P	E	L	P	T	S	R	U	A	F	A	P	I	N	O
L	Y	E	A	O	O	B	L	F	W	E	O	O	A	D
A	L	L	U	T	B	N	L	D	C	H	I	T	U	P
N	A	N	U	E	T	U	S	K	N	T	S	A	L	T
T	D	N	R	N	K	B	L	O	W	A	E	E	A	S
S	D	T	U	E	G	E	M	R	E	P	S	I	L	A
P	I	H	S	S	D	O	P	B	E	L	L	Y	D	F

Beast, Belly, Beluga, Blow, Blubber, Blue, Body, Breathe, Bull, Calls, Capable, Channel, Coastal, Depth, Diet, Dolphin, Dorsal, Dwarf, Fast, Flesh, Flipper, Flukes, Heavy, Huge, Hump, Hunt, Krill, Long, Lung, Mammal, Migration, Mouth, Pair, Plankton, Plants, Pods, Porpoise, Propel, Rotund, Salt, Ship, Snout, Sounds, Speckled, Sperm, Spots, Spout, Swim, Tail, Talk, Tons, Tropical.

P	S	T	F	E	T	N	I	A	R	T	S	E	R	A
N	I	A	R	F	E	R	O	H	F	R	I	E	N	D
E	T	H	K	I	I	G	S	S	M	O	E	E	L	V
E	U	C	S	L	A	A	T	A	S	R	R	R	S	A
V	A	S	T	N	E	S	S	L	A	E	O	G	S	N
L	T	L	S	T	O	T	U	C	D	W	L	A	E	C
B	I	S	H	I	E	I	R	E	O	A	W	A	R	E
J	O	I	S	R	H	S	T	U	D	E	N	T	G	N
S	N	N	Y	A	U	I	L	A	I	R	S	O	O	N
K	T	C	D	F	M	P	O	L	L	S	E	S	R	G
N	D	E	O	I	A	A	O	R	A	E	A	A	P	R
R	T	R	L	U	N	R	H	U	V	E	R	U	M	A
A	C	E	I	L	R	G	C	C	R	T	H	R	S	S
E	U	L	A	V	A	S	S	C	I	T	I	L	O	P
L	E	V	I	V	E	R	E	O	P	R	O	O	F	R

Advance, Agree, Amass, Aware, Bonding, Career, Chat, Clash, Course, Dreams, Drive, Error, Fate, Fiascoes, Force, Forge, Friend, Grasp, Human, Issue, Jilt, Lack, Learn, Lesson, Life, Limited, Mastery, Occur, Politics, Polls, Progress, Proof, Reason, Refrain, Relationship, Restraint, Revive, School, Sincere, Situation, Snag, Soon, Stellar, Student, Think, Trusts, Valid, Value, Vastness, World.

E	S	O	T	L	A	M	G	R	E	C	I	P	E	D
T	B	K	C	K	T	A	O	G	U	W	O	A	E	H
E	M	U	I	C	L	A	C	L	D	W	A	S	Y	C
I	R	C	L	L	D	I	V	C	D	D	S	T	M	N
D	C	O	O	K	O	I	M	E	E	E	I	E	E	A
C	O	N	I	E	T	O	R	P	R	L	T	U	A	R
C	U	E	A	A	H	E	A	T	A	I	S	R	L	E
H	R	S	M	B	D	C	T	T	U	O	A	I	N	F
E	D	I	T	H	K	E	I	N	F	P	E	Z	D	N
E	N	O	S	A	L	V	L	T	E	S	Y	E	E	H
S	A	E	G	T	R	E	K	S	D	M	L	D	H	P
E	R	E	T	Y	M	D	W	N	E	L	R	C	E	U
F	B	A	B	A	K	E	R	S	I	A	I	E	D	R
I	C	E	C	R	E	A	M	H	H	R	H	M	F	E
R	A	N	O	T	R	A	C	O	W	S	D	T	E	S

Baker, Brand, Bulk, Calcium, Camel, Carton, Cattle, Cheese, Chilled, Cones, Cook, Cool, Cows, Curd, Custard, Dessert, Diet, Drink, Enzymes, Ferment, Fluid, Fresh, Gallon, Goat, Harden, Heat, Ice cream, Kilo, Maltose, Meal, Mild, Milk, Mold, Package, Pasteurized, Powdered, Protein, Pure, Putrid, Ranch, Recipe, Rich, Sheep, Soft, Spoil, Sweet, Udder, Vitality, Vitamins, Water, Yeast.

48 PACKING YOUR BACKPACK

```
A D V E N T U R E L K C U B C
E V O M E R N S X E L L H L T
X S E K I B O E P S O U I A H
C H C H T L C H E A N M F C G
L O O H C S A K D T B U A I I
P U N L R N I J I C S E R T E
S L G T D H U N T A B T E C W
S D N Y E S G L I M H U G A Y
S E I E T N T R O P S N A R T
S R R K S R T U N E L T R P R
E P B U A O N S F R T A O B O
N O A V T T P U W A L K T F P
R O E R A A L R C I O E S O S
A L F I T S E H U T S E R O F
H G N I H S I F O P E N E D N
```

Adjust, Adventure, Alpinist, Attach, Beach, Bike, Boat, Bring, Buckle, Camper, Climb, Close, Contents, Expedition, Features, Fishing, Fits, Food, Forest, Full, Girth, Handy, Harness, Hikes, Hold, Hunting, Kids, Load, Lunch, Mountain, Opened, Pocket, Pool, Practical, Purpose, Remove, School, Shoulder, Sporty, Storage, Straps, Take, Teen, Transport, Travel, Useful, Walk, Weight.

E	G	A	P	E	A	M	A	S	T	E	R	A	R	K
K	C	E	N	G	L	A	N	D	L	Y	S	T	R	N
R	I	N	E	N	G	O	H	B	R	E	E	S	A	E
E	I	N	A	E	S	R	A	L	N	T	W	U	I	E
V	T	T	G	L	S	T	A	T	I	O	N	E	D	L
E	T	R	U	L	N	V	R	C	R	D	R	R	S	T
I	N	N	E	A	I	Y	E	D	E	O	G	T	O	I
H	E	A	L	H	L	R	W	N	S	K	U	L	L	T
C	M	L	C	C	T	W	I	I	S	N	T	N	D	O
A	A	C	O	N	A	A	V	T	I	T	S	O	I	L
G	N	D	E	R	R	N	E	C	E	N	A	I	E	E
S	R	E	R	T	D	D	S	L	Y	S	V	G	R	M
G	U	I	D	E	H	E	L	M	E	T	E	E	E	A
Q	O	I	E	G	A	R	U	O	C	N	U	L	S	C
R	T	Y	T	L	A	Y	O	L	D	E	E	D	S	T

Achieve, Agent, Cadre, Camelot, Challenge, Chivalry, Clan, Courage, Deeds, Duty, England, Gallant, Grace, Guide, Guts, Helmet, Invest, King, Kneel, Lance, Leather, Legend, Legion, Lord, Loyalty, Master, Page, Queen, Raids, Recite, Rites, Ritual, Sentry, Skull, Soldier, Sons, Stage, Stationed, Suit, Sword, Table, Title, Tournament, Trained, Tunics, Visor, Wander, Warrior, Wives.

50 MINING COAL

C	S	L	A	Y	E	R	S	S	C	O	O	P	E	M
H	H	O	V	A	T	C	G	I	H	C	A	B	I	H
H	S	A	V	R	R	I	I	N	A	E	O	N	E	D
L	E	G	R	D	A	S	C	R	I	R	E	A	F	E
H	I	A	A	E	C	M	B	I	P	G	V	T	I	C
D	T	S	T	B	H	O	D	L	R	E	G	K	E	O
E	I	S	S	A	N	K	L	E	R	T	C	I	L	M
E	L	A	U	O	I	E	O	U	L	A	C	L	D	P
P	I	L	M	P	F	N	A	F	L	I	E	E	E	O
S	T	I	S	O	P	E	D	B	P	M	V	V	L	S
G	U	P	F	E	N	L	S	U	S	O	O	E	D	E
A	D	I	I	U	K	D	Y	R	S	T	W	E	R	P
S	R	E	D	L	O	M	S	N	S	T	B	D	I	Y
E	A	L	U	F	E	M	U	E	L	O	R	T	E	P
S	H	B	E	U	C	E	B	R	A	B	S	Y	D	R

Bags, Barbecue, Beds, Black, Bulk, Burn, Carbon, Cart, Char, Decompose, Deep, Delivery, Deposits, Diamonds, Digging, Dried, Electricity, Field, Fire, Flue, Fossil, Fuel, Gases, Hard, Haul, Heat, Heaver, Heavy, Hibachi, Industry, Layers, Loads, Mine, Petroleum, Pile, Pits, Powder, Price, Probe, Scoop, Sheet, Smell, Smoke, Smolder, Stove, Supply, Utilities, Yard.

M	P	H	T	P	E	D	D	D	L	R	R	O	T	E
B	A	R	A	Y	S	E	R	E	O	N	E	H	T	N
A	T	R	G	T	T	O	C	U	E	S	I	A	C	I
R	T	A	G	I	C	N	T	N	I	N	T	O	T	L
S	E	L	N	I	A	E	I	M	S	O	N	O	U	A
T	R	U	A	T	N	W	S	L	R	T	O	D	D	Y
W	N	C	S	S	T	C	L	R	O	O	R	S	N	E
P	O	I	N	T	O	A	L	U	E	E	F	E	P	R
D	D	D	R	N	W	A	R	D	L	T	E	C	A	E
R	L	N	N	P	C	B	T	U	E	T	N	E	P	S
A	D	E	N	I	O	J	R	Y	S	G	C	I	E	T
F	C	P	T	R	W	W	A	I	T	A	R	P	R	R
T	L	R	D	T	H	C	T	E	R	T	S	A	O	I
P	E	E	D	E	E	R	S	T	S	E	E	W	L	N
V	R	P	X	M	A	R	G	A	I	D	S	P	A	G

Artist, Atlas, Bars, Border, Connect, Contour, Cord, Deep, Depth, Diagram, Distance, Dots, Draft, Draw, Flex, Form, Frontier, Gaps, Gate, Intersect, Joined, Large, Layer, Letter, Line, Margin, Paper, Pattern, Petty, Perpendicular, Pieces, Point, Print, Rays, Rotate, Route, Rows, Ruler, Start, Stretch, String, Stripe, Teeny, Thin, Trace, Twine, United, Vertical, Wait, Walls, Window.

C	E	P	T	S	D	S	O	F	C	H	K	S	O	N
O	T	E	A	T	P	E	I	S	S	D	L	I	M	H
Z	S	O	H	U	Y	L	T	I	S	A	I	V	S	D
Y	A	P	C	D	T	P	K	A	U	E	M	I	O	T
R	T	L	A	E	R	R	E	T	R	A	R	O	M	A
O	E	E	R	N	U	O	C	M	E	I	M	P	R	L
C	N	E	R	T	I	E	A	O	B	B	S	A	S	K
I	D	I	A	S	L	S	S	S	R	L	T	R	E	
H	I	B	C	L	P	C	H	P	T	U	A	A	I	A
C	L	M	E	C	L	S	R	H	G	E	D	N	C	R
E	G	T	A	M	U	G	S	E	K	L	D	A	D	K
C	N	W	T	G	G	P	R	R	A	N	U	A	T	Y
I	A	O	A	O	E	I	P	E	O	M	I	O	R	E
R	G	R	O	U	N	D	S	A	U	C	E	R	S	T
P	N	D	E	M	U	S	N	O	C	R	O	W	D	S

©2011 Universal Uclick

Aroma, Atmosphere, Black, Brandy, Cappuccino, Cash, Chat, Chicory, Consumed, Cozy, Cream, Crowds, Cups, Dark, Date, Drink, Espresso, Filtered, Gang, Good, Ground, Gulp, Image, Intellectuals, Irish, Mild, Milk, Mood, Mugs, People, Price, Rated, Regular, Roasted, Saucers, Soul, Spanish, Stir, Students, Sugar, Table, Talk, Taste, Tend, Trade, Turkish, Type, Word.

L	A	S	W	E	E	T	N	A	R	O	M	A	S	H
L	T	A	N	V	E	G	E	T	A	B	L	E	A	T
I	S	L	S	A	L	A	D	S	S	L	A	R	N	N
H	A	Y	A	I	C	I	R	L	I	S	V	A	D	U
C	P	A	O	R	C	K	A	R	O	E	L	M	W	T
C	O	R	E	E	U	R	G	N	S	P	A	A	I	R
H	B	D	D	N	E	T	E	T	I	Y	L	T	C	I
O	D	R	I	N	K	D	A	Z	O	N	A	U	H	T
P	S	K	I	S	C	S	Z	N	N	L	E	R	P	I
P	S	M	D	N	T	A	N	S	I	S	T	E	M	O
E	E	N	O	E	E	A	B	A	O	L	R	P	R	N
D	I	P	W	O	I	I	N	L	N	E	I	A	I	G
K	R	E	P	S	T	R	A	S	T	E	N	H	F	N
N	D	A	E	E	U	H	F	A	C	G	I	S	C	N
R	I	C	H	B	R	G	W	E	E	E	C	I	P	S

©2011 Universal Uclick

Aroma, Bite, Brine, Broil, Burn, Chili, Chill, Chopped, Core, Diced, Drink, Firm, Fried, Garden, Green, Grill, Hard, Harvest, Italian, Kinds, Mature, Mayonnaise, Minerals, Natural, Nutrition, Onion, Orange, Pasta, Pepper, Piece, Pizza, Plant, Pulp, Rich, Salads, Salsa, Sandwich, Seasoned, Shape, Skin, Smooth, Snack, Spice, Stem, Stewed, Sweet, Vegetable, Wash, Water, Yard.

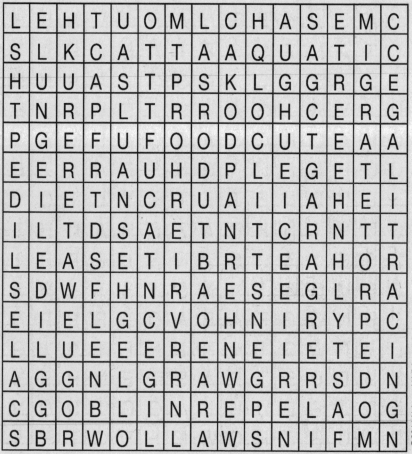

L	E	H	T	U	O	M	L	C	H	A	S	E	M	C
S	L	K	C	A	T	T	A	A	Q	U	A	T	I	C
H	U	U	A	S	T	P	S	K	L	G	G	R	G	E
T	N	R	P	L	T	R	R	O	O	H	C	E	R	G
P	G	E	F	U	F	O	O	D	C	U	T	E	A	A
E	E	R	R	A	U	H	D	P	L	E	G	E	T	L
D	I	E	T	N	C	R	U	A	I	I	A	H	E	I
I	L	T	D	S	A	E	T	N	T	C	R	N	T	T
L	E	A	S	E	T	I	B	R	T	E	A	H	O	R
S	D	W	F	H	N	R	A	E	S	E	G	L	R	A
E	I	E	L	G	C	V	O	H	N	I	R	Y	P	C
L	L	U	E	E	E	R	E	N	E	I	E	T	E	I
A	G	G	N	L	G	R	A	W	G	R	R	S	D	N
C	G	O	B	L	I	N	R	E	P	E	L	A	O	G
S	B	R	W	O	L	L	A	W	S	N	I	F	M	N

Angel, Aquatic, Attack, Bite, Bone, Capture, Cartilage, Chase, Circulating, Depths, Diet, Dorsal, Eggs, Fast, Fear, Fins, Food, Glide, Goblin, Huge, Hunter, Lake, Lunge, Mako, Marine, Migrate, Mouth, Nose, Ocean, Prey, Pull, Racing, Repel, Rogue, Round, Scales, School, Search, Speed, Strong, Surface, Swallow, Teeth, Thresher, Tiger, Torpedo, Travel, Tropical, Water, Weight.

T	E	X	T	I	L	E	M	P	S	D	R	C	R	V
K	C	E	T	S	I	S	A	A	A	C	I	O	E	S
L	N	L	K	N	N	L	T	R	T	T	A	S	B	S
I	S	I	E	D	E	U	S	E	E	E	T	R	I	E
S	R	P	T	A	N	M	O	H	A	I	R	E	F	R
T	E	S	A	S	N	P	T	T	B	M	S	I	R	D
C	T	R	O	S	R	N	I	A	T	R	U	C	A	N
E	A	U	C	O	Y	E	N	E	E	T	I	H	W	L
F	E	F	C	S	N	C	T	L	U	R	T	G	L	I
N	W	E	E	N	O	I	T	N	E	T	T	A	H	P
I	S	O	S	L	T	C	I	N	I	A	T	S	A	T
S	P	G	O	U	T	F	A	B	R	I	C	N	T	S
I	O	R	U	L	O	R	K	R	A	D	T	C	S	O
D	T	A	T	R	C	L	I	D	E	S	I	G	N	C
T	N	E	M	R	A	G	B	D	O	H	T	E	M	E

Attention, Blouse, Bright, Care, Clean, Coat, Color, Cost, Cotton, Curtain, Dark, Design, Dirt, Disinfect, Dress, Fabric, Felt, Fiber, Furs, Garment, Hats, Knits, Leather, Linen, Material, Method, Mohair, Pale, Pants, Pattern, Pile, Process, Robe, Rugs, Scarf, Silk, Skirt, Sort, Spot, Stain, Steam, Suede, Suit, Sweaters, Synthetic, Textile, Tint, Treatment, Uniform, Vest, White, Wool.

D	F	A	N	S	S	L	E	M	A	F	D	R	N	R
S	E	V	A	W	P	L	E	T	A	L	E	N	T	E
I	O	T	D	U	O	R	P	V	W	T	E	E	E	M
N	T	C	A	R	T	N	O	C	A	O	D	E	L	R
G	O	S	F	C	L	R	K	E	R	R	S	N	E	O
E	G	I	E	S	I	E	H	L	D	E	T	I	V	F
R	L	T	T	T	G	T	O	O	L	H	E	M	I	R
M	O	A	E	A	H	T	S	E	B	E	S	O	S	E
Y	R	C	M	G	T	C	S	I	S	C	W	N	I	P
S	Y	I	B	E	A	U	T	Y	H	H	H	V	O	R
U	H	S	U	R	C	P	P	A	C	P	O	I	N	B
B	I	U	E	C	I	P	R	E	I	M	O	W	L	E
C	A	M	E	R	A	M	S	E	R	I	E	S	T	D
Y	A	S	C	H	E	D	U	L	E	L	P	U	O	C
N	S	S	U	O	I	R	T	S	U	L	L	I	V	E

©2011 Universal Uclick

Award, Beauty, Best, Busy, Camera, Charm, Child, Contract, Couple, Deeds, Fame, Fans, Favorite, Film, Glory, Happy, Hero, Illustrious, Image, Live, Movie, Music, Name, Nominee, Oscar, Performer, Proud, Reputation, Rich, Role, Rush, Schedule, Script, Series, Sets, Show, Singer, Snob, Sophisticated, Spotlight, Stage, Stars, Success, Talent, Television, Test, Theater, Travel, Wave, Well-known.

```
T R E V N O C O U N T B C Y E
B E A M M C H E C K O B A G S
F V S V E S S E L D C A R R Y
G O D E A C U F Y A M A T E S
H A N D S I P L E O L H S N E
E L U L U S A M U A I L O E R
S S O G R Y A N U N T T I N U
I H P A E H T M E T W H Q M S
C A E R D P T D I E N U E A S
R K S A L S A G N N A E T R E
E E T A V E L E N N E O M G R
X A W A L E F S T E M R U O P
E S L O L T F I L I R H T L M
P U L L P L T A C M E T R I C
E H E A V Y T R O P P U S K A
```

Amount, Atomic, Bags, Bars, Beam, Body, Carry, Carts, Check, Convert, Count, Data, Energy, Exercise, Feather, Flat, Gauge, Hands, Heave, Heavy, Huge, Inertia, Kilogram, Large, Laws, Layers, Leaden, Lift, Loads, Masses, Measure, Metric, Momentum, Newton, Over, Physics, Pounds, Power, Pressure, Pull, Push, Quantity, Raise, Shake, Strength, Support, Tall, Thin, Unit, Value, Vessel.

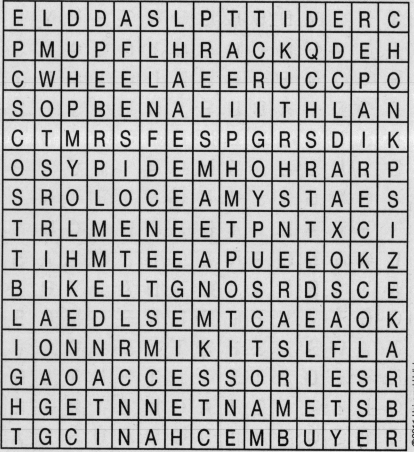

```
E L D D A S L P T T I D E R C
P M U P F L H R A C K Q D E H
C W H E E L A E E R U C C P O
S O P B E N A L I I T H L A N
C T M R S F E S P G R S D I K
O S Y P I D E M H O H R A R P
S R O L O C E A M Y S T A E S
T R L M E N E E T P N T X C I
T I H M T E E A P U E E O K Z
B I K E L T G N O S R D S C E
L A E D L S E M T C A E A O K
I O N N R M I K I T S L F L A
G A O A C C E S S O R I E S R
H G E T N N E T N A M E T S B
T G C I N A H C E M B U Y E R
```

Accessories, Banana, Basket, Bell, Bike, Bill, Brake, Buyer, Carrier, Chrome, Clip, Colors, Component, Cost, Credit, Deal, Equipment, Exercise, Feature, Flashy, Gear, Handle, Height, Helmet, Honk, Kids, Kits, Light, Lock, Mechanic, Model, Mountain, Name, Parts, Pedal, Price, Pump, Rack, Repair, Saddle, Safety, Sales, Size, Speed, Stock, Style, Tags, Tandem, Tool, Transport, Wheel.

S	L	O	V	E	S	P	U	O	R	G	B	H	U	W
I	N	V	E	S	T	M	E	N	T	S	O	S	A	S
N	Y	O	H	E	L	P	R	R	L	U	T	N	B	D
T	G	N	I	K	E	E	S	I	S	Y	T	O	I	E
E	N	E	C	T	D	L	N	E	P	O	J	I	S	L
R	I	E	L	A	A	E	R	E	R	E	N	T	A	L
V	H	D	E	N	S	V	L	V	I	E	E	A	N	I
I	T	R	D	B	I	A	O	E	N	P	C	C	L	K
E	O	N	U	C	S	R	G	N	T	B	O	A	T	S
W	L	L	E	E	A	T	O	T	E	T	O	V	P	U
O	C	I	M	M	T	R	O	S	N	R	E	A	T	S
D	V	O	S	L	E	L	E	E	T	L	N	R	R	E
N	H	E	L	T	L	S	G	E	E	F	A	R	M	D
O	L	E	R	A	P	P	A	F	R	D	L	O	O	K
C	S	O	C	I	A	L	T	B	E	A	P	P	L	Y

Apparel, Apply, Basement, Board, Boat, Call, Career, Clothing, Clubs, Condo, Events, Farm, Fees, Groups, Help, Homes, House, Interview, Investments, Jobs, Land, Left, Letter, Lines, List, Logo, Look, Love, Need, Over, Personals, Pets, Plan, Print, Reader, Renovations, Rental, Seeking, Sell, Service, Skilled, Social, Sort, Space, Tent, Trade, Travel, Type, Used, Vacations, Vehicle, Want.

A	S	D	L	O	C	E	W	A	S	H	H	D	P	H
A	Y	L	D	A	L	A	S	O	S	T	I	N	U	A
S	I	O	M	U	B	E	U	S	L	G	A	L	R	C
P	U	I	S	S	I	R	E	A	E	L	A	R	R	I
M	N	P	O	L	C	N	E	S	C	R	A	E	C	D
O	A	R	P	E	L	H	T	H	E	L	C	W	I	H
C	B	P	L	L	A	N	E	N	H	O	A	U	S	T
Y	U	P	E	B	E	W	I	S	M	T	Q	B	E	C
S	M	W	N	I	A	M	P	M	E	I	W	L	E	S
A	Y	U	R	B	I	L	E	R	L	R	B	O	L	L
E	T	T	L	O	O	N	A	N	O	A	V	A	R	E
S	U	E	D	T	D	T	T	N	T	T	E	I	R	G
N	U	I	E	E	I	O	T	A	C	M	E	R	N	S
F	N	I	D	O	S	E	O	L	K	E	I	I	E	G
E	D	S	U	O	R	R	E	F	E	E	D	X	N	C

©2011 Universal Uclick

Absorb, Acid, Amino, Ample, Balanced, Bars, Bottle, Capsule, Cereal, Chewable, Colds, Diet, Digest, Dose, Easy, Ferrous, Food, Fuel, Gels, Growth, Health, Intake, Iodine, Label, Liquid, Meals, Mineral, Mix, Multi, Nutrient, Nuts, Pill, Protein, Recommended, Salad, Serving, Source, Soya, Starch, Supplement, Supplies, Swallow, Tablet, Unit, Wash, Wellness.

S	E	A	L	B	O	N	E	L	E	S	S	I	Z	E
W	U	T	A	H	W	K	R	N	O	M	L	A	S	B
I	A	O	S	O	S	O	A	Y	I	A	I	I	E	S
M	I	G	R	A	T	E	E	M	R	R	T	H	O	L
S	G	B	O	A	F	R	L	C	A	T	A	I	L	L
K	R	A	D	T	P	Y	T	F	A	V	F	M	A	I
K	E	E	L	L	R	I	T	D	I	F	O	H	E	K
S	R	T	G	A	C	E	V	O	M	S	R	T	M	G
P	Q	A	U	N	P	G	R	O	U	P	M	U	N	U
I	F	T	L	T	A	A	E	F	S	O	S	O	S	A
N	S	I	O	I	E	D	G	R	E	T	R	M	H	T
E	K	B	N	C	A	E	I	O	A	T	R	E	A	T
S	I	A	G	S	T	V	T	V	S	E	A	E	R	A
I	N	H	N	A	E	C	O	H	E	D	M	C	A	C
N	O	S	T	R	I	L	E	R	E	K	C	A	M	K

Arctic, Area, Atlantic, Attack, Behavior, Boneless, Brown, Danger, Dark, Dive, Dorsal, Estuary, Fast, Fins, Flesh, Food, Forms, Galapagos, Group, Habitat, Head, Keel, Kills, Long, Mackerel, Mako, Marine, Meal, Meat, Migrate, Mouth, Move, Nostril, Ocean, Oils, Oviparous, Predator, Prey, Raft, River, Salmon, Seal, Seas, Size, Skin, Slit, Spines, Spotted, Streak, Strong, Surface, Swims, Tail, Teeth, Tiger.

```
I D N A T U R A L T F O S P R
T N A S S I O R C K C I T S O
A E I R B Y D S N A K C I R B
S L L L A E G A T T O C I Z U
T B A R L R S T I L G O A T S
E F T L O E Q S P R E A D N T
S P I D M Y T U S U Y M F I S
Y R O R E U H R I S O T E F B
G B A I M R S C O C I S T F R
S P L C G G E U O T H W A U A
O Z M O L D R P E V R E S M N
H E U T C E F K P I E C E F D
C D K T A D T I C E C R E A M
A T S A P I E T S A P D O O F
N P I H C S W E E T P M I L K
```

©2011 Universal Uclick

Blend, Brand, Brick, Brie, Cake, Chip, Colby, Cottage, Cover, Cream, Croissant, Crust, Dairy, Dips, Feta, Firm, Food, Fresh, Goat, Gouda, Grilled, Gruyere, Italian, Loaf, Melts, Milk, Mold, Muffin, Nachos, Natural, Nutty, Odor, Pack, Parmesan, Pasta, Paste, Peppered, Piece, Pies, Quiche, Raclette, Ricotta, Robust, Serve, Side, Snack, Soft, Soup, Sour, Spread, Stick, Sweet, Swiss, Taco, Taste, Tortellini, Tray.

```
E M O V E P A S T R Y A W A S
D L O F N E K B E B N C X B E
N I B R E A D E A E L I A A Y
R F A M T F L B T A S T O N E
U E O E U O A S S O U N D K E
T H G I A R T S I L B E D S W
P O O H R W G U T M W A V E S
W I R E G A D N A B N E C K A
H L L A B R L R C A R R Y C B
E A M V L D B O C N E S L I O
E E I E W L I L N V W S I U U
L B L R E N O L O G S O N Q T
S R A B S T H C R U L T D L I
N P W C H C T I P P A P E R S
W O N S K C O R G G N I R T S
```

About, Along, Away, Axis, Baby, Back, Ball, Bandage, Bank, Barrel, Bars, Beds, Bread, Cane, Carry, Class, Cloth, Coins, Collar, Cover, Cylinder, Down, Enfold, Eyes, Fast, Film, Forward, Game, Grumble, Hair, Heave, Hoop, Lawn, List, Logs, Lurch, Marble, Move, Neck, Nets, Papers, Pastry, Pitch, Quick, Reel, Rock, Skate, Snow, Sound, Stone, Straight, String, Tear, Tobacco, Toss, Turn, Unroll, Waves, Wheels, Wire, Wrap

64 SALMON IS DELIGHTFUL

S	A	L	M	O	T	E	L	L	I	F	R	E	S	H
G	C	H	E	R	R	Y	L	E	S	O	U	P	K	N
G	R	S	C	O	P	I	O	G	T	Y	O	S	C	A
E	C	A	C	S	G	A	N	K	L	S	S	A	O	P
E	Y	E	I	A	U	I	C	I	T	N	A	L	T	A
K	D	K	T	V	K	B	O	I	H	G	M	T	S	J
O	E	E	N	S	A	E	R	C	F	A	R	C	H	S
O	K	I	S	U	T	C	H	O	T	I	S	O	A	T
N	O	F	I	S	H	O	Y	F	G	R	C	H	W	E
I	M	A	S	H	P	C	N	D	I	D	O	O	Y	N
H	S	I	D	I	S	A	C	D	D	N	L	P	T	T
C	S	E	I	P	M	U	H	R	K	E	S	O	S	T
D	E	M	A	E	R	C	U	I	E	R	R	A	C	A
F	S	W	E	E	T	N	S	F	R	I	E	D	H	O
K	N	A	B	A	S	K	E	T	T	F	S	N	A	B

Atlantic, Bank, Bans, Basket, Boat, Cake, Caviar, Cherry, Chinook, Chop, Chunk, Coho, Cold, Creamed, Dish, Drift, Eggs, Feast, Feed, Fillet, Fins, Fish, Fresh, Fried, Gairdner, Gill, Gorbuscha, Grown, Hash, Humpies, Japan, Keta, King, Kisutch, Mash, Masou, Name, Nets, Oily, Oncorhynchus, Pacific, Redd, Runs, Salmo, Salt, Smoked, Soup, Spawn, Sport, Stocks, Sushi, Sweet, Taste, Trek, Tshawytscha

R	M	C	T	O	L	L	S	C	C	Y	V	A	E	H
D	E	L	L	A	T	S	N	I	G	N	I	R	P	S
E	D	D	R	O	A	R	E	S	T	O	R	E	D	L
C	I	G	U	L	C	L	N	U	E	M	I	T	P	E
O	E	R	G	N	A	K	N	M	R	R	M	U	S	P
R	V	L	O	U	D	E	H	A	Y	A	S	E	Y	A
A	A	Y	N	N	L	A	E	P	S	H	R	P	M	H
T	L	A	T	E	M	H	N	S	H	V	E	O	B	C
I	M	L	N	M	T	S	E	T	I	E	L	R	O	A
V	E	P	E	N	T	N	L	C	D	C	O	L	L	L
E	S	R	Y	D	O	L	E	M	R	N	L	I	U	L
N	S	Y	O	T	W	U	O	O	Z	A	U	M	E	P
O	A	S	T	E	E	L	N	E	R	L	R	O	O	D
H	G	N	A	H	R	E	O	C	T	A	V	E	S	S
P	E	M	A	N	T	I	Q	U	E	B	D	N	A	H

Announce, Antique, Balance, Bronze, Call, Chapel, Clock, Collar, Decorative, Deep, Door, Glass, Hammer, Hand, Hang, Harmony, Hear, Heavy, Hymn, Installed, Iron, Large, Loud, Manual, Mass, Medieval, Melody, Message, Metal, Music, Name, Noel, Octave, Peal, Phone, Play, Pull, Push, Redundant, Restored, Rope, Service, Sound, Spring, Steel, Symbol, Tenor, Test, Time, Toll, Tone, Tower, Toys, Tune

S	H	C	N	E	R	F	A	R	O	H	P	M	A	C
P	S	F	V	E	M	O	H	M	U	S	K	P	E	O
R	A	E	W	I	S	F	Y	S	O	E	A	R	C	L
A	L	O	N	M	A	M	L	A	B	R	F	E	I	O
Y	P	T	A	T	D	L	P	U	T	F	A	S	P	G
K	S	E	A	A	E	L	P	E	I	T	T	I	S	N
H	R	R	Y	M	S	E	A	H	S	D	R	N	G	E
C	U	A	S	K	I	N	W	S	A	O	D	A	E	R
A	A	R	B	A	G	C	A	S	T	O	R	R	C	U
S	R	R	S	L	N	S	H	O	W	E	O	I	N	T
S	I	W	A	T	E	R	S	C	H	R	V	X	E	A
I	N	N	C	W	R	A	L	L	A	O	A	I	I	N
A	D	N	H	T	A	A	V	N	I	D	L	L	C	G
S	T	N	E	C	S	Y	G	E	R	O	F	E	S	I
R	O	O	T	S	T	E	L	O	I	V	A	D	D	S

Adds, Anise, Apply, Aroma, Attract, Aura, Balm, Bark, Camphor, Caraway, Cassia, Castor, Civet, Class, Cologne, Creams, Dash, Designer, Elixir, Flavor, Fluid, French, Fresh, Glands, Hair, Home, Last, Leave, List, Mint, Musk, Myrrh, Odor, Oils, Orange, Part, Power, Read, Rind, Roots, Rose, Sachet, Scent, Science, Show, Signature, Skin, Smells, Spice, Splash, Spray, Sweetness, Vial, Violet, Water, Whiff.

```
R G R A E W S T R O P S M L A
C E L C X U A L L A L G I R L
S H T A O V E E B A T N L E P
Y E A E M O D Y I E E I S H H
A F G R P O K C L A G H O T A
W R I A M C R L L E X T M O B
N E R L I E U O Y Y O E A M U
U T T R M R A H U G D M L T I
R P R M I S R S R S T O I A L
S O O D R K F A M E E S B U D
E C E I C A P R M E N Y U B H
S I R A P H F C J L N T S M O
O L J J E W E L O I I R Y A R
P E A R S C I T E M S O C N S
C H I L D R E N L S N F A C E
```

Alexa, Allaux, Alphabuild, Billy, Body, Busy, Charm, Children, Commercials, Cook, Cosmetics, Crash, Face, Fame, Farm, Films, Fortysomething, Glamorous, Helicopter, Horse, Jack, Jewel, Joel, Line, Malibu, Marriages, Model, Mother, Paris, Part, Peter, Photographer, Poses, Ricky, Runways, Slim, Smile, Sportswear, Taubman, Telluride, Tennis.

```
Y T I L I B I S N E S S A Y Y
E R A H S H D R E A M B O A T
N E T P L H T E E N A G E R L
O E H I L A A P D R U G B Y A
I T L L I R R P M O R U I N Y
S O E I W R L O D I C O R O O
S N T H Z Y N B M K C L T T R
E S E P G A R Y I L L O H G O
C R E G R I B N A R A P R N S
C T I C T T G E R E I B I I D
U T H I A H T E T H M E G S N
S Y S R A L H T H H O I H N I
W H P M O P A Q U E E N T E W
E R D I A N A P R I N C E K O
N C H A R L E S L L U C S S B
```

Arthur, Athlete, Balmoral, Birthright, British, Bucking-
ham, Charles, Claim, Code, Diana, Dreamboat, Eliza-
beth, Essay, Eton, Harry, Heir, Hones, Idol, Kensington,
Monarchy, News, Palaces, Philip, Polo, Pomp, Prince,
Queen, Romp, Royalty, Rugby, Sculls, Sensibility,
Share, Succession, Teenager, Teenyboppers, Throne,
Tiggy, Time, Wills, Windsor.

```
N S Y E W W M D C G Y N N U F
O N S O N O O I E N N N D T G
I S H O V N V L O K O I E E U
S S E I F I E I L R I E M N E
I E E D L T T I M E W L I I S
V S C I A P Y A D S M L I F T
E I T N O L L T R E V I E W S
L Y E D E C O E I E M A F I E
E S A W I P C A R H O C T F
T G I V E U D R C S B T C T K
T N I T S R A U O A A E O Y L
N I C E N E S S A G S N L M A
T T I A N N O D A M R T T E T
T A L K S D E T N E L A T O C
S R E W S N A D A Y T I M E N
```

©2011 Universal Uclick

Accolades, Adoption, Answers, Audiences, Cast, Celebrity, Civility, Comedienne, Daytime, Fame, Films, Fine, Funny, Give, Guests, Liked, Madonna, Mellow, Mother, Movies, Niceness, Normalcy, Pleasant, Program, Ratings, Reviews, Show, Softy, Stint, Supersweet, Talented, Talkfest, Talks, Television, Timing, Viewers, Witty.

E	C	F	R	I	E	N	D	S	Y	F	T	S	F	K
B	F	A	L	C	O	N	E	T	A	S	Y	A	E	R
O	R	E	L	I	E	S	I	C	E	D	I	E	M	O
R	P	P	T	M	I	C	E	R	N	D	N	A	D	W
D	O	E	R	C	U	T	C	E	E	I	N	A	N	T
R	C	G	R	E	I	N	Y	M	L	H	V	E	A	E
A	O	E	N	T	D	N	I	P	A	I	T	R	L	N
W	X	A	E	I	N	A	I	T	D	M	S	A	K	N
E	O	P	D	E	M	C	T	T	A	A	T	D	C	A
D	O	R	L	G	S	A	Y	O	I	L	E	A	I	E
C	A	C	R	I	N	E	L	S	R	A	P	Y	H	S
H	C	L	D	O	R	I	A	F	T	Y	T	T	P	O
M	F	I	L	M	M	I	V	R	I	A	Y	I	A	R
N	H	A	R	A	S	O	A	O	C	N	P	M	O	G
C	A	M	E	O	S	P	T	H	L	H	E	E	S	N

Calm, Cameos, Catherine, City, Cope, Crest, Dallas, Dare, Daytime, Discipline, Diva, Exercises, Face, Falcon, Film, Flamingo, Friends, Hair, Hickland, Himalayan, Initiation, Loving, Manhattan, McClenny, Media, Network, Part, Patsy, Pert, Petite, Pets, Platinum, Predator, Road, Roseanne, Sarah, Search, Seiler, Soap, Sydney, Type, Tomorrow, Wardrobe.

```
G R U B Z N I U G D S R O S E
E C I N R U T E R S K E E L S
A L I U Q E T O T E U K K Y S
C A I N R O F I L A C A O U C
C H H N N D H L N A E B O L A
S O E W E O E I J L A R A I R
J U O R R Y C K A T E U C A F
N L O T S H E E M G D C W I A
F A O L O U A A N I M K I S C
K N M L U S N A A C A H T O E
S I S O T B D R R S E E C N N
T O L W W A A Y I N T I H S W
N O I M V T D F R S T M E I O
F C L I E E A Y A E E E S T T
K U D P R R L C D S C R E E N
```

Batman, Boys, Bruckheimer, California, Cast, Cat-woman, Cher, Cited, Claudia, Dangerous, David, Eastwick, Fabulous, Guinzburg, Henry, Hits, Horton, Innocence, Jack, John, Kael, Kate, Kelley, Kilmer, Liaisons, Line, Nice, Nicholson, Plot, Redford, Return, Rose, Ryder, Scarface, Screen, Site, Sleek, Sunrise, Team, Tequila, Towne, Witches, Wolf.

T	H	C	A	Y	A	B	L	O	N	D	E	A	L	A
I	N	J	E	W	E	L	R	Y	N	O	T	E	S	I
P	N	O	D	L	E	A	R	A	S	N	A	E	M	K
S	T	W	I	I	U	S	T	A	H	N	O	A	A	A
C	L	E	E	T	V	T	E	A	M	Y	Z	M	R	V
I	F	A	H	R	A	O	I	R	P	Z	S	O	T	O
P	D	O	I	H	I	R	R	R	U	E	E	N	A	L
M	R	O	N	C	S	C	O	C	L	T	S	T	K	S
Y	S	A	N	T	R	M	C	P	E	N	N	R	N	O
L	M	E	Y	A	O	E	A	A	R	E	E	E	A	H
O	R	L	L	T	L	M	M	A	R	O	S	A	V	C
O	E	K	I	L	S	D	E	M	P	D	C	L	I	E
K	I	O	I	W	S	L	E	V	O	N	O	N	G	Z
S	N	K	E	S	I	D	N	A	H	C	R	E	M	C
S	S	N	O	I	H	S	A	F	S	K	I	I	N	G

©2011 Universal Uclick

Author, Belief, Blonde, Commercials, Corporation, Czechoslovakia, Deal, Divorceé, Donald, Donny, Earns, Eric, Fashions, Hairstyle, Ivanka, Jewelry, Looks, Manhattan, Maples, Marla, Mazzuccelli, Means, Merchandise, Montreal, News, Notes, Novels, Olympics, Promotions, Riccardo, Sells, Sense, Shop, Skiing, Skill, Smart, Tips, Ventures, Yacht.

S	P	S	E	I	V	O	M	S	L	R	I	O	H	C
E	R	B	S	S	R	E	H	T	A	E	W	C	H	D
K	O	A	A	I	C	O	E	A	I	K	Y	S	E	T
A	G	D	T	L	N	H	B	G	C	C	L	C	N	P
L	R	L	N	S	L	G	R	E	E	A	O	A	W	L
F	A	D	A	A	P	E	I	I	P	R	H	I	R	A
W	M	N	U	N	B	R	T	N	S	C	N	U	I	N
O	S	G	O	M	O	C	O	R	G	T	L	I	T	O
N	H	S	E	I	O	S	O	D	E	U	M	B	E	I
S	F	C	K	O	T	T	A	R	U	N	N	A	R	T
L	E	I	K	A	C	O	T	E	E	C	M	K	S	I
D	E	I	L	E	T	I	M	E	S	R	E	E	T	D
G	N	G	R	M	M	I	R	E	A	E	U	R	E	A
G	I	I	N	E	S	T	N	W	L	W	U	N	S	R
A	D	H	E	A	R	T	H	G	B	E	L	L	S	T

Angel, Bake, Ballet, Band, Bells, Chant, Choir, Christmas, Cooking, Crew, December, Decor, Directors, Emotional, Films, Glee, Hearth, Holy, Laughs, Movies, Nostalgia, Nutcracker, Pals, Plan, Producers, Programs, Reruns, Robe, Seasonal, Sets, Singing, Skating, Snowflakes, Special, Stage, Stars, Traditional, Tree, True, Warm, Weather, Wintertime, Writers.

```
F D R O F T T A S T E P O C S
A F Z E S N L U G Y A P A N A
C N O U M O O N S T R U C K G
E I G E P I I T R S C R O L E
D U G P C V E I S R R E E S V
A V O A A A C H E E E H I G S
G C D E R I F A K T W C E H A
N U L C A S T S C C N N U W L
A Y E T T E U Q R A U E A T U
S D E I R R A M R R D R O C K
L U S I G G I F R A D E B O U
E T R A V O L T A H H O M E S
G S S E N S U O I C A R G Y S
O H T E B A S I L E R A N D Y
V F U L T O N E U S Y G G E P
```

Academy, Arquette, Audacious, August, Award, Bruckheimer, Casts, Characters, Cher, Cigars, Coppola, Create, Crew, Elisabeth, Enzo, Face Off, Figgis, Ford, Francis, Fulton, Gerry, Graciousness, Homes, Las Vegas, Leaving, Married, Moonstruck, Napa, Patricia, Peggy Sue, Randy, Rock, Role, Scope, Shue, Study, Taste, Travolta, Vogelsang, Weston.

C	M	I	V	K	E	M	E	H	T	N	A	C	B	R
T	B	O	S	O	U	N	D	M	A	C	H	I	N	E
R	A	H	I	O	I	O	C	B	E	A	Y	S	A	C
A	C	O	T	L	O	C	U	R	R	A	T	T	D	O
U	K	O	B	G	I	C	E	T	N	S	I	A	I	R
M	C	B	L	R	N	M	S	R	I	U	L	R	R	D
A	H	E	T	L	O	E	E	U	T	M	A	I	O	S
O	E	S	F	N	I	T	R	O	A	M	U	S	L	U
G	E	T	I	A	E	S	O	T	L	U	T	L	F	S
R	R	E	L	N	J	D	I	M	S	M	I	A	M	I
A	S	B	Y	O	A	A	I	O	R	E	R	N	I	N
M	U	A	S	L	N	P	R	C	N	I	I	D	L	G
M	G	E	E	S	I	O	S	D	C	R	P	O	S	E
Y	U	S	C	I	P	M	Y	L	O	A	S	D	O	R
S	S	Y	N	I	T	S	E	D	O	M	U	S	I	C

Accident, Album, Anthem, Back, Best, Ceremonies, Charts, Cheers, Collision, Cuban, Cues, Dalmatians, Destiny, Emilio, Emily, Fajardo, Florida, Good, Grammys, Jose, Latin, Look, Marie, Miami, Modes, Motorboat, Music, Nayib, Olympics, Pose, Records, Rods, Singer, Slim, Sound Machine, Spanish, Spirituality, Star Island, Strength, Summum, Theme, Tour, Trauma, Vim, Voice.

```
N H O J N Y E C T U R N E R R
S A G A A Y C M A E R U S S O
A E L R N K N U C T P K I D S
L P T N A A E U L U W I N R E
G O A R M C D A L A B O Y O S
U C O L A O I P D S S L M W P
O S R K R I F E D L D I O A E
D E D P C I N O O D I R M E N
P L E W C U O H U L H T M H G
C O R T E W C C B T E T A R U
O R I D M I N D T I A I E M I
U O E R N E R A F X T N U S N
N F O R M A N D I R E C T O R
T W A T L O V A R T W I N S L
Y Y T R O H S T E G H A N E Z
```

Canny, Catwoman, Confidence, Count, Cuckoo, Cuddly, Deft, Director, Doubtfire, Douglas, Fare, Forman, Get Shorty, Gracie, Hits, Jake, John, Kids, Lucy, Louie, Matilda, Mind, Momma, Nicholson, Order, Penguin, Perlman, Plan, Producer, Pulp Fiction, Rene, Rhea, Roles, Roses, Russo, Scope, Taxi, Throw, Train, Travolta, Turner, Twins, Weir, Words, Wormwoods, Zena.

L	J	R	E	T	H	G	U	A	L	N	A	C	H	S
E	E	M	U	R	O	F	T	S	T	O	R	Y	N	Y
T	R	E	B	L	A	A	E	K	I	M	M	Y	O	U
S	Z	A	J	R	I	H	S	I	R	I	A	E	M	G
O	T	E	O	V	O	I	C	E	E	T	N	S	I	P
M	S	L	A	S	R	A	E	H	E	R	D	R	S	K
T	E	R	E	G	A	C	D	R	I	B	R	E	A	C
S	T	R	O	B	I	N	R	W	K	C	U	J	O	O
Y	I	N	E	P	O	E	I	C	A	D	B	W	Z	M
D	O	L	L	S	N	L	I	C	O	Y	A	E	E	I
E	R	I	T	C	L	N	I	L	H	R	R	N	G	C
M	T	O	E	I	D	T	U	S	D	O	D	I	N	K
O	E	N	A	U	Y	S	U	B	B	Y	L	H	I	E
C	D	M	R	Y	E	V	R	A	C	O	E	S	K	Y
R	S	S	M	C	N	A	L	L	Y	E	N	O	O	R

©2011 Universal Uclick

Albert, Armand, Bard, Birdcage, Broadway, Busy, Carvey, City, Comedy, Coward, Detroit, Dolls, Forum, Guys, Irish, Jerz, Jest, King, Laughter, Lion, Lisbon, McNally, Mendy, Mickey, Mike, Mock, Mostel, New Jersey, Nichols, Open, Pseudolus, Rehearsal, Robin, Roles, Rooney, Rudnick, Shine, Simon, Sondheim, Story, Terrence, Test, Timon, Traviata, Voice, Williams, Zero.

```
P H S H O W S E S M A E T S S
A Y B O P S S E T S D E C F R
R P L O M K O L T I L I I S E
T E I P U C L A W E R E V P D
I P M L J A R D V T L A A E A
E I P A B B L I A D U H R T E
S R I T G R S E A T S U T S L
C T O T O E H O O P S O N A R
L O A W D T R G U S A O R C E
F E I D E R R P E V I S R E E
B N A M I A U R L P E O S L H
S E L G P U P S M A W N P E C
H E N H U Q M A H D Y A I T S
H K S C S E H C A O C E R R Y
N W O D H C U O T E Y A R D S
```

©2011 Universal Uclick

Athletes, Autographs, Bench, Blimp, Champions, Cheer-
leaders, Coaches, Crowd, Draw, Field, Football, Head,
Helmet, Hoopla, Hype, Jump, Keen, League, Loss, Pace,
Parties, Passes, Player, Pregame, Pressure, Quarter-
backs, Rite, Rush, Seats, Shape, Show, Souvenirs, Stadi-
um, Star, Steps, Teams, Telecast, Televised, Theatrics,
Touchdown, Trip, Wins, Worldwide, Yards.

```
D R A H C I R V L L S U U Q E
R N D O O H T H G I N K E U M
A O S H A D O W L A N D S E M
W I N G E R O N H G P E R S A
A L A U R R O A S I E I S T Y
L N F O K D N L Y B T U B L M
R A L R N N E R A A R R E E E
E E M O I V O R Y V O E A C D
T A L B O T K N I A N T N T A
N R A N S E O V D G E E G E C
I L A E R T I W L X L T S R A
W B B T L N A A T I L I T E S
E P Y T G Y N O S S A C I P T
H O W A R D S E N D S E M A J
N O S P M O H T H E P B U R N
```

Abigail, Academy, Angst, Attenborough, Award, Barker, Best, Broadway, Cast, Cite, Emma, England, Equus, Fans, Hannibal, Hepburn, Howard's End, James, Knighthood, Lambs, Lecter, Lines, Lion, London, Merit, Novels, Petronella, Picasso, Quest, Richard, Role, Shadowlands, Silence, Story, Surviving, Talbot, Text, Thompson, Tony, Type, Winger, Winter, Work.

N	O	S	D	U	H	E	C	G	N	O	S	C	A	R
P	A	C	E	T	F	I	H	S	N	N	H	S	Y	E
E	A	L	L	I	B	O	A	C	I	I	E	B	D	L
R	U	S	S	E	L	L	T	M	L	L	W	O	O	D
K	S	K	P	I	L	F	A	D	G	U	C	S	O	I
Y	I	T	V	E	L	J	R	G	S	U	B	T	W	M
S	S	E	N	O	N	E	I	E	M	S	S	O	E	N
E	R	U	W	E	N	G	V	E	T	R	L	N	L	O
N	P	E	B	I	M	I	N	R	I	T	S	A	E	S
I	R	K	C	F	W	T	U	F	T	L	U	R	P	A
T	I	E	I	T	A	K	I	A	I	G	T	B	H	E
R	V	A	G	R	R	M	Y	M	H	G	C	E	A	S
A	A	T	Y	E	M	W	I	I	M	L	A	T	N	D
M	T	O	R	O	W	A	N	L	O	O	C	T	T	I
T	E	N	I	H	U	B	L	E	Y	W	C	E	C	K

Allen, Aspen, Benjamin, Bette, Bill, Boston, Busy, Cactus, Chat, Children, Club, Commitments, Cool, Documentary, Elephant, Family, First, Flower, Giggles, Glow, Hubley, Hudson, Katie, Keaton, Kids, Kurt, Laugh-In, Martin, Midler, Nice, Oliver, Oscar, Pace, Pals, Perky, Private, Rowan, Russell, Season, Shift, Skis, Slim, Swing, Warm, Wives, Woody, Wyatt.

```
Y C E L B A G E T S H O R T Y
N D E E D A D U S T I N N L D
I R O D N I V E K P R O L R R
T A O O R A N K E E S O A A O
S W U M W L A C N B M H N B F
E O T R A T N T I T C O S M O
D H B E Z E S G R I S W O L D
L F R P R O D A R N O P A E W
S E E U C A V U E G K R A M T
H E A S P O N H R N I E I C N
I L K D L U S S A T T L H L I
R I O T I R C B O R R E R U L
L N A R I N R N O M R E N O C
E T I H N U G S I Y T H G A Y
Y Z I E B A E S L T N W O G J
```

©2011 Universal Uclick

Able, Burbank, Cheryl, Clint, Cosmo, Costner, Deed,
Destiny, Dustin, Eastwood, Feel, Ford, Gertrude, Get
Shorty, Gibson, Gilroy, Gown, Griswold, Hirshenson,
Howard, Janet, Katz, Kevin, Laurence, Leading, Lintz,
Lorna, Lure, Mark, Molly, Outbreak, Rank, Ransom,
Realness, Richard, Rose, Shirley, Supermodel, Tin Cup,
Travolta, Weapon, Wheeler.

```
S E C N E I D U A T A A L E N
R Y L T C I R T S E T R G R D
O O Q U E E N Y E T E P E O C
S E N I L A B E R D T L O H Y
I N N A L H C A L C A M A S S
E S A T N I C E S T R R U E E
L E A F T T I S I E L B I P N
L N T S I F E O P E B R S I O
E O U V T N N M S E E A O N T
N J E U I S U T C S L B L S S
N J O S H B O R I E Y E O L T
O O U I M N O N S L K H M L N
D B P D A V I D S O N S O O I
O S S L I M A C I R F A N D L
Y M A D L E V I T U C E X E F
```

©2011 Universal Uclick

Africa, Amy, Atlanta, Attractive, Audiences, Baseball, Bumper, Business, Busy, Charleston, Davidson, Divorce, Dolls, Executive, Fans, Flintstones, Jobs, Jones, Justice, Kyle, Lines, MacLachlan, Mail, Miniseries, Mood, O'Donnell, Outfielder, Petey, Queen, Rate, Relationships, Roles, Ronan, Rosie, Sheba, Slim, Snipes, Solomon, Strictly, Test, Yoga.

```
F A L C O N O S G G T N A H K
T S E R C G E N N P O R H L H
N B E C A F I I E G E L I E O
R S L C D H E T E I L E T M R
U O I A C O S R R E B S C M S
P H M N N L O E B E A A H O E
C I A A A C G W S A V M C N S
L R C M N A H T Y S I A O P R
T B I N N C R E I L N L C A E
R N I E I A E N D D L L K U D
A E M G U C A S L I Y O I L N
W D O M S T L E J D M Y H I A
E L L T R U Y U D E M A F N L
T O L A C E R E L E A S E E F
S H P L A T I N U M S I V A D
```

Able, Animals, Bell, Big Sur, Blanche, Candle, Canoe-
ing, Chicago, Crest, Davis, Eddy, Face, Falcon, Fame,
Flanders, Hitchcock, Holden, Hollywood, Horses, Khan,
Lace, Lemmon, Liebestraum, Llamas, Malloy,
Menagerie, Mild, Moll, Oregon, Pauline, Pets, Picnic,
Platinum, Ranching, Real, Release, Romances, Sammy,
Sinatra, Stewart, Trim, Trujillo, Vertigo.

Y	T	U	A	E	B	S	S	R	O	M	A	L	G	L
V	U	D	E	T	A	C	I	T	S	I	H	P	O	S
L	L	S	T	A	R	D	N	M	Z	Y	V	V	A	S
L	A	N	P	I	S	A	A	Z	I	S	E	P	H	B
L	N	U	P	O	R	E	A	N	R	A	P	I	R	T
E	O	T	D	G	K	R	R	E	G	E	N	I	S	G
N	I	N	R	E	A	E	W	U	A	E	T	D	N	A
A	T	B	D	P	R	O	S	R	S	I	R	I	I	E
M	A	L	A	O	P	S	A	M	S	A	N	O	X	A
K	N	P	L	O	N	N	S	H	O	E	E	T	U	U
C	R	E	L	W	C	E	L	B	D	D	R	M	H	S
A	E	I	O	E	E	I	L	R	E	E	E	H	A	T
H	T	G	S	T	P	L	A	I	M	C	G	L	R	I
E	N	I	S	S	I	G	F	E	M	U	A	T	A	N
Y	I	E	L	B	A	N	O	I	H	S	A	F	S	T

©2011 Universal Uclick

Appearances, Austin, Beauty, Billboards, British, Dangerous, Estée, Extreme, Face, Falls, Fashionable, Gardening, Glamor, Gowns, Grant, Hackman, Hugh, International, Lauder, Lips, London, Love, Measures, Paparazzi, Polite, Powers, Role, Sarah, Savvy, Script, Shines, Simian, Smile, Sophisticated, Spokesmodel, Star, Stint, Trip.

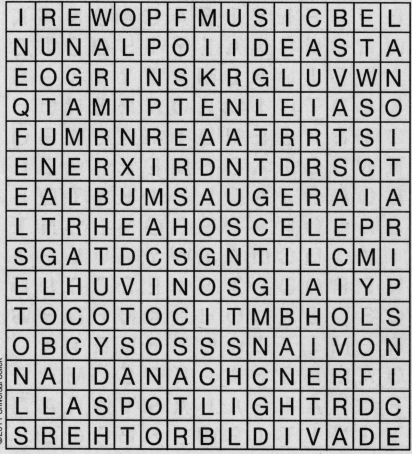

I	R	E	W	O	P	F	M	U	S	I	C	B	E	L
N	U	N	A	L	P	O	I	I	D	E	A	S	T	A
E	O	G	R	I	N	S	K	R	G	L	U	V	W	N
Q	T	A	M	T	P	T	E	N	L	E	I	A	S	O
F	U	M	R	N	R	E	A	A	T	R	R	T	S	I
E	N	E	R	X	I	R	D	N	T	D	R	S	C	T
E	A	L	B	U	M	S	A	U	G	E	R	A	I	A
L	T	R	H	E	A	H	O	S	C	E	L	E	P	R
S	G	A	T	D	C	S	G	N	T	I	L	C	M	I
E	L	H	U	V	I	N	O	S	G	I	A	I	Y	P
T	O	C	O	T	O	C	I	T	M	B	H	O	L	S
O	B	C	Y	S	O	S	S	S	N	A	I	V	O	N
N	A	I	D	A	N	A	C	H	C	N	E	R	F	I
L	L	A	S	P	O	T	L	I	G	H	T	R	D	C
S	R	E	H	T	O	R	B	L	D	I	V	A	D	E

Angélil, Award, Ballads, Brothers, Chanteuse, Charle-magne, Concerts, D'eux, David, Dream, Feels, Foster, French-Canadian, Global, Grin, Hall, Ideas, Inspirational, Mike, Montreal, Music, Nice, Notes, Olympics, Plan, Power, Prima, Quebec, Range, René, Sisters, Smile, Songbird, Songs, Spotlight, Toast, Tour, Virtuosity, Vocal, Voice, Warm, Youth.

```
D V R E L Y T S A S A S N A K
W R O H C N A L Y T S O E I E
A N E I C A L M A T T A K G S
K E D T C I M E O N R S N O U
O T B A S E N D I I W O W R O
R W D O T A D L M E L U O D H
B O N O J A C L Z I V N T O E
L R C O R R E S P O N D E N T
I K O D C O A T W Y C U L E I
N P R O O L T N I E E D D L H
C S O E K U O H D K N L D B W
R L M I T D G O Y R N R I A O
O A M E S L A L K R E O M P R
F O R A T E A L A S Y W R A D
T G N I T I R W E S P O O C S
```

Allison, Anchor, Andrew, Base, Brokaw, Brookdale, Calm, Capable, Clinton, Cool, Correspondent, Cronkite, Data, Dorothy, Douglas, Elmira, Emmy, Goals, Gordon, Items, Jane, Kansas, Lincroft, Looks, Lucy, Middletown, Miklaszewski, Neat, Network, Newscaster, Poise, Rate, Rely, Scoops, Sound, Stoddard, Style, Voice, Walter, White House, Words, World, Writing.

```
M A I L L I W J G R A P E S N
E D I V A D R I U M R N S T O
C N T N K R A M B L A U E O I
I P O E T R Y I E L I E B R T
N O I T N E T T A L N E I I A
D A N E S I R I W I I E T E N
P O E M O R D N D E G N A S I
G F A N S B E O E R R T M N M
I O S C A R L V O T I C O S O
L A I C I L A E L N V L V E N
B C K I M A G E G I T O I I E
E R A E P S E K A H S O E R L
R A R A S L L A B T E K S A B
T E G D I R B T T U W S A I A
S T N E R A P S G N U O Y D L
```

Able, Alicia, Ambitions, Attention, Basketball, Bridget,
Crew, Danes, David, Diaries, Eating, Fans, George,
Gilbert, Grape, Image, Internet, Irmelin, Juliet, Laidback,
Looks, Mark, Movies, Nice, Nomination, Oscar, Parents,
Poem, Poetry, Romeo, Rubin, Sara, Shakespeare,
Silverstone, Stake, Stories, Teen-idol, West Virginia,
William, Young.

```
G F T K C U D Y T H G I M J R
R F S S T N W I S H E E N O D
I O A H E A D I K U M A T E S
N K F E R M Y C L O B C M Y P
M R K R M O A L H L E I E I N
O E A Y S P L T O R I R L I R
D B E L L E A E I R A A T A R
S T R A P R O D U C E R M S M
I J B A A C E V A E A O I S Y
W U U W L D T B I M N B E H E
J L A U O B I L M E L L T R L
A I B T M R R S R I T A E D T
N E D S A A G O N I K N I N A
E O U A H T O G T E E E A I S
T N L C S M S E Y E Y F A M E
```

©2011 Universal Uclick

Abdul, Berkoff, Brat, Breakfast, Carey, Cast, Charlie,
Club, Demi, Director, Disney, Eyes, Fame, Grin, Grow,
Head, Janet, Joey, Julie, Kathy, Kimberly, Malibu,
Martin, Mighty Duck, Mike, Mind, Moore, Pack, Paloma,
Parts, Paula, Producer, Ramon, René, Repo Man, Role,
Satley, Sheen, Sheryl, Siblings, Taylor, Terms, Titles,
Vietnam, War at Home, Williams, Wisdom, Wish.

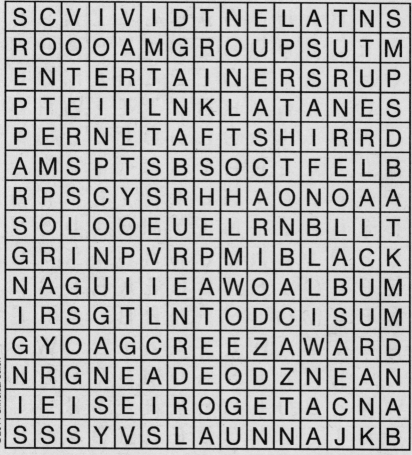

S	C	V	I	V	I	D	T	N	E	L	A	T	N	S
R	O	O	O	A	M	G	R	O	U	P	S	U	T	M
E	N	T	E	R	T	A	I	N	E	R	S	R	U	P
P	T	E	I	I	L	N	K	L	A	T	A	N	E	S
P	E	R	N	E	T	A	F	T	S	H	I	R	R	D
A	M	S	P	T	S	B	S	O	C	T	F	E	L	B
R	P	S	C	Y	S	R	H	H	A	O	N	O	A	A
S	O	L	O	O	E	U	E	L	R	N	B	L	L	T
G	R	I	N	P	V	R	P	M	I	B	L	A	C	K
N	A	G	U	I	I	E	A	W	O	A	L	B	U	M
I	R	S	G	T	L	N	T	O	D	C	I	S	U	M
G	Y	O	A	G	C	R	E	E	Z	A	W	A	R	D
N	R	G	N	E	A	D	E	O	D	Z	N	E	A	N
I	E	I	S	E	I	R	O	G	E	T	A	C	N	A
S	S	S	Y	V	S	L	A	U	N	N	A	J	K	B

©2011 Universal Uclick

Album, Annual, Award, Balladeers, Band, Black, Bold, Categories, Charts, Contemporary, Coveted, Entertainers, Fate, Folk, Gospel, Groups, Heritage, Hosts, Jazz, Music, Newcomers, Performances, Platinum, Rank, Rappers, Singing, Single, Solo, Song, Superstars, Talent, Talk, Turn, Urban, Variety, Video, Vigor, Vivid, Voters, Winners, Year.

```
R T R A U T S A C L I Z A R D
L E G E N D S E M I T S A P N
C M L A V S O E E L R A M O O
D O A L N Y R O J T T I W H B
I N D T I I G O G O L F E O A
V L A E L R R C S N C I R C G
A T R L A I H E A E I E C K A
D S E S E R N T T M V I L E V
S E D I R N O J W A D I K Y U
E E E O I E I D U E K R L S N
L F V M O J H R N R B C A L E
A L I E A W L T A A I B O W E
H Y L N E F S A O M P E E L K
W N E S U L C E R R A T S R C
G N I L C Y C D E A B O Y L E
```

Accidents, Boyle, Brothers, Cast, Clock, Code, Crew, Cycling, Daredevil, David, Fame, Flynn, Golf, Good, Hockey, Injuries, Jane, Jocely, Katerina, Keen, Lara, Leeves, Legend, Lizard, MacGyver, Marineland, Marlee, Matlin, Minnesota, Pandora, Pastimes, Recluse, Rides, Roseville, Skiing, Star, Stuart, Thriller, Vagabond, Ward, Webber, Whales, Witt, Woods.

```
A A S S U O M L I F N R E A D
B I L L Y I S K A E O F L E P
O P O Y H E S M R M I U T D A
N V N A C N E D A L F N N Y Y
E A R A A N L N A I E O C O A
N B M L I I I T T L L A L G D
I P A T H R S U A B T L N A S
G P W C I Y A T Q P N I I O R
H L A E R E H T E R M E M W E
T E I C B S R O E M U E P R H
S I T S L E P T I G B S B O T
T R I U L L S W T O E Y S B A
A B N A E O S E D I R V N I F
N A G L P R S Y E N W O D N A
D G G K S S A X E T S I R A P
```

Beautiful, Billy, Blond, Byrne, Cat People, Children, Crystal, Downey, Ethereal, Fame, Father's Day, Film, Gabriel, Ibrahim, Klaus, Life, Love, Moussa, One Night Stand, Open, Palanski, Paris, Path, Poster, Quincy, Read, Reitman, Robin, Roles, Roman, Russia, Somebody, Spell, Swimming, Talented, Tess, Texas, Vegetarian, Waiting, Williams, Yoga.

```
O N C E L Y L C L O V E T T T
G O O R V B U R S T E I N N O
A T N S A I N T E R V I E W S
C R E X B M T E V I R D T M P
I O R A M I M C G M N A E D E
H M C M S S G O A O A N P P N
C T C O I S R E P R I N M K C
D A E H L O K S F N T E O A E
A L C N A U E S L I S T C A R
T U G I N R M T A N I T A S K
E N R D R I L B R G R A D I O
L D A O U E S E I S H A R O N
I E C O O C M I S A C E P A T
N N E G J I T A N C H O R I V
E K L A T N A T T A H N A M E
```

©2011 Universal Uclick

America, Anchor, Anne, Asks, Attractive, Burstein,
Charles, Chicago, Christian, Columbia, Competent, Cor-
respondent, Dateline, Dean, Drive, Gibson, Good,
Grace, Interviews, Isaak, Journalism, Lovett, Lunden,
Lyle, Manhattan, Marc, Max, Meet, Missouri, Morning,
Morton, Nice, Radio, Ralf, Reno, Sharon, Spencer, Talk,
Tape, Task, Tennis, Vigor.

S	R	H	I	T	M	A	K	E	R	S	S	A	E	S
S	Y	A	O	T	S	T	A	M	E	D	C	C	P	J
N	I	O	P	V	T	T	C	P	I	T	N	A	H	E
D	E	T	B	P	E	E	A	K	O	E	C	S	I	R
R	F	V	C	D	E	R	K	R	D	H	E	R	L	S
A	A	A	E	O	A	R	B	N	D	N	A	E	A	E
K	M	W	T	T	M	B	E	R	I	O	E	L	D	Y
C	E	J	I	H	S	P	E	L	O	P	M	L	E	S
O	C	O	A	L	E	Z	O	L	Y	O	N	I	L	E
T	N	G	S	D	L	R	H	S	A	E	K	E	P	E
S	E	I	N	Y	A	A	H	A	I	I	R	W	H	R
G	R	I	P	C	A	E	R	O	K	N	R	T	I	G
N	W	I	O	M	R	D	N	D	O	I	D	T	A	E
O	A	O	G	E	A	M	U	L	B	D	L	O	G	D
S	L	J	E	F	F	Z	E	A	L	Y	R	R	A	H

Actor, Bad Boys, Bel-Air, Caps, Caroline, Cool, Days, Degrees, Ellen, Fame, Fatherhood, Goldblum, Harry, Hitmaker, Independence, Indo, Jada, Jeff, Jerseys, Kids, Lawrence, Overbrook, Philadelphia, Pinkett, Rapper, Rottweillers, Separation, Sheree, Sitcom, Songs, Stardom, Steven, Stockard, Tamed, Trey, Willard, Zampino, Zeal, Zhaki.

E	U	R	W	E	N	D	Y	E	H	T	Y	L	B	S
G	N	I	H	T	E	M	O	S	Y	T	N	E	W	T
N	P	A	L	H	D	H	W	T	U	M	A	S	E	N
I	R	F	J	A	L	G	I	U	I	I	U	N	C	A	E
L	E	S	L	N	O	U	L	D	T	O	N	A	S	R
I	T	M	E	E	H	O	L	Y	I	E	C	E	S	A
U	E	T	M	G	S	R	I	T	P	D	M	T	H	P
G	N	N	I	A	A	H	A	S	A	A	A	S	B	K
E	T	B	L	P	A	T	M	J	J	R	I	R	I	Y
B	I	O	S	W	C	K	S	E	A	F	U	L	B	E
L	O	N	K	E	O	A	T	K	I	C	R	A	G	N
O	U	E	P	O	R	E	O	A	E	O	K	N	L	D
N	S	X	H	A	O	R	W	J	N	C	A	S	O	Y
D	E	C	H	I	C	B	N	A	O	L	A	O	O	S
U	S	T	H	G	I	L	N	O	O	M	M	F	K	N

Beauty, Beguiling, Blond, Blythe, Bone, Book, Brad, Breakthrough, Bruce, Caan, Chic, Emma, Ethan, Expectations, Face, Fair, Flesh, Hawke, Holden, Hook, Jackson, Jake, James, Jane, Kilronan, Lange, Laura, Look, Mood, Moonlight, Parents, Pitt, Sarah, Slim, Spence, Stages, Star, Study, Sydney, Twenty-something, Unpretentious, Waifish, Wendy, Williamstown.